QUESTION SOCIALE

PAR

MAXIME DU CAMP, AIMÉ GIRON

ET

L'ABBÉ ROUSSEL

L'ABANDONNÉ

« Je meurs de faim et cependant je ne veux pas être voleur !... »

Paroles de l'un de ces enfants à un sergent de ville

IMPRIMERIE
DES APPRENTIS-ORPHELINS
40, RUE LA FONTAINE
PARIS-AUTEUIL

SOMMAIRE

Préface, ... p.
Les Enfants d'Auteuil, ...
La Charité privée à Paris, p.
Les Orphelinats du Plessis et
  Billancourt, ...
Une page éloquente . . . .

LA
SOLUTION SOCIALE

PAR

L'ÉDUCATION CHRÉTIENNE

DES

ENFANTS PAUVRES

OU

ABANDONNÉS

J'étais sans asile
et
vous m'avez
recueilli.
(St. Math.)

J'étais sans vêtement
et
vous m'avez
habillé.
(St. Math.)

Enfant venant de perdre sa mère, trouvé assis sur une borne, sᵃⁿˢ asile et mourant de faim. (Voir son histoire pages 5 et 6.)

PARIS-AUTEUIL

IMPRIMERIE DES APPRENTIS-ORPHELINS

40, rue La Fontaine, 40

1895

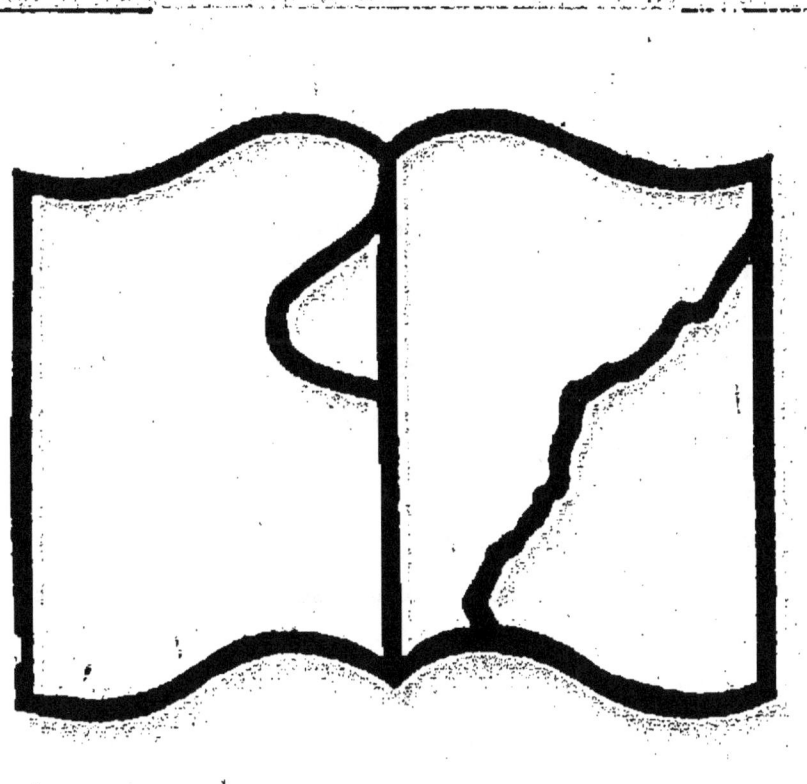

Texte détérioré — reliure défectueuse
NF Z 43-120-11

PRÉFACE

La Solution de la Question Sociale préoccupe et passionne aujourd'hui tous les peuples et toutes les classes.

Les uns demandent une répartition égale de l'impôt ou l'impôt progressif, les autres le partage des biens. — Ceux-ci, la coopération de tous aux bénéfices industriels... la mine aux mineurs. — Il en est même qui ne veulent ni Dieu, ni maîtres...

En somme, toutes ces réformes sont plus ou moins chimériques ou insensées.

La vraie Solution est plus près de nous.

Elle consiste dans l'application des maximes de l'Evangile, dans la moralisation de l'enfance par les idées chrétiennes.

C'est là ce que les Œuvres fondées par M. l'Abbé Roussel et les Œuvres similaires réalisent chaque jour.

Il ne s'agit plus ici ni d'utopies, ni de tentatives incertaines. — Les faits parlent d'eux-mêmes, et la lecture de cet opuscule que nous publions aujourd'hui le prouvera surabondamment à tous les esprits sages et sincères qui cherchent la vérité.

CHARLES DES GRANGES,
Rédacteur en chef de *La France Illustrée*.

LES ENFANTS D'AUTEUIL

LEUR PASSÉ ET LEUR AVENIR

Depuis bientôt trente ans, en a-t-il passé, dans l'asile d'Auteuil, (1) des enfants orphelins, abandonnés, vagabonds, et de toutes les nations et de toutes les couleurs! Auteuil est une admirable institution religieuse et sociale qui prend dans la misère, dans le vice, dans le crime, de pauvres petites âmes, et qui les rend ensuite à la société et à l'Église, pieuses, laborieuses, honnêtes. Chacun de ces gamins a une histoire étrange souvent, navrante toujours, et il est curieux, au moyen de quelques-unes de ces histoires triées dans le nombre, d'établir la physiologie de ce petit monde si intéressant et si touchant.

D'où viennent-ils? Ce qu'ils sont et ce qu'on en fait? Comment ils sortent de l'asile? Ce qu'ils deviennent dans la vie? Ce qu'ils pensent d'Auteuil? Comment ils meurent? En courant, nous allons vous le dire.

D'où ils viennent? Des quatre coins de la misère et de l'abandon. En voici un qui, pendant plusieurs mois sur un terrain vague autour de l'Exposition, logeait dans une caisse oubliée là. Un beau soir, la caisse avait disparu et l'enfant alla coucher à la belle étoile du bon Dieu. — En voilà un autre qui, quatre ans, habita un égout au delà de la porte d'Orléans, avec une brassée

(1) Environ quinze mille.

de paille et une vieille lanterne pour mobilier, ayant à lutter contre les hallucinations engendrées par les miasmes et contre les rats conjurés pour le dévorer ; lui, mangeant, quand il avait trop faim et était assez adroit, quelqu'un de ses ennemis tué et grillé. — Celui-ci a passé l'hiver rigoureux au fond d'une voiture, et quelques jours à la Roquette ensuite. — Celui-là est descendu d'un tréteau de saltimbanques où il jouait brillamment les sauvages tatoués, avec un anneau de cuivre dans le nez et des plumes de coq sur la tête. — Et ces deux ébouriffés et déguenillés qui, unissant leurs misères, chiffonnaient dans les tas d'ordures, et, pour être baptisés et faire leur première communion, déposèrent à Auteuil, jusqu'au printemps suivant, leur hotte et leur crochet ?

Et ce petit violonneux rencontré par un gavroche qui l'emmena très fier chez « le père Roussel » arrivant tous deux l'un sa pochette sous le bras, l'autre sa boîte au lait à la main ? — Bien digne de pitié ce petit mendiant non baptisé rencontré dans la rue et logeant avec son père ivrogne dans un galetas sordide, forcé de rapporter, chaque jour, contre un morceau de pain, une recette de 2 francs, sinon il est roué de coups et jeté à la porte sans sa ration ! — Bien digne d'intérêt ce malingre petit marchand de médailles au seuil d'une église, qui, sa mère étant morte, avait reçu 3 francs de son père pour faire le commerce et se suffire ! — Vous parlerai-je de ce pauvre enfant en haillons et affamé devant la vitrine d'un pâtissier, refusant un gâteau et demandant un morceau de pain pour sa mère ? — De cet autre sans travail, monté sur le marchepied d'une voiture et qui, interrogé s'il a fait sa première communion, répondait dans sa navrante ignorance que « son vaccin avait très bien pris » !

Un ouvrier, père d'une nombreuse famille, allait le matin à son travail ; il aperçoit, appuyé sur une borne, déguenillé, pensif et pleurant, un jeune garçon d'environ 14 ans. L'enfant a depuis longtemps perdu son père, et sa mère tout récemment et qu'il avait soignée avec tendresse et dévouement pendant une longue maladie. Il ne lui reste absolument plus rien, pas même un asile ; il essaye de travailler ; mais il ne gagne, dans sa fabrique, que 55 c. par jour ; il en dépense 20 pour coucher, il lui en reste 0 35 pour vivre, ou plutôt pour ne pas mourir de faim. Notre charitable ouvrier s'assure de la vérité du récit, puis, touché d'une généreuse compassion, il oublie son travail et sa propre famille, et ne songe plus qu'à sauver le pauvre petit. Il le fait d'abord déjeuner, lui procure des chaussures et les voilà tous deux en route, frappant d'une porte à l'autre. Mais hélas ! aucune ne s'ouvre. Le commissaire de police, enfin consulté, répond qu'il ne peut rien. En désespoir de cause, la pensée vient au brave homme de s'adresser au curé de la paroisse. Celui-ci l'accueille avec bonté, lui serre cordialement la main et lui donne l'adresse d'Auteuil. Ce fut dans la soirée, par un temps pluvieux, qu'exténué de fatigue, il arriva avec son cher protégé.

Après avoir raconté son histoire et ses démarches infructueuses, il ajoute : « Voyez-vous, M. le Curé, c'est que j'ai été moi-même orphelin ; je me souviens de ce que j'ai souffert à cet âge ; j'aurais bien pris ce moutard, mais j'ai déjà quatre enfants ; la femme voudrait par-dessus le marché me faire adopter ses neveux. Si je prenais ce pauvre gamin, il y aurait pour sûr de la brouille dans le ménage. Vous m'obligerez donc bien de le garder. » C'est, naturellement, ce que l'abbé Roussel a fait ; ce pauvre orphelin est resté trois mois à Auteuil, a fait une bonne première communion et il est aujourd'hui bien placé et heureux. Il leur en faut si peu pour l'être.

Chaque enfant a son histoire, ai-je dit, et en conter plusieurs milliers serait facile.

Ce qu'ils sont quand ils entrent à Auteuil et *ce que l'on y fait d'eux?* Au physique et au moral, ce sont déjà de petites épaves humaines de la rue qui ont roulé, au gré de tous les hasards, dans toutes les écumes et au-dessus de tous les abîmes, qui se sont heurtées à tous les vices et à toutes les tentations, qui se sont déchirées à tous les méchants écueils et à tous les mauvais exemples. Ils sont presque tous en guenilles, blêmes, étiolés, beaucoup sans famille, ayant eu faim, ayant eu froid, ayant souffert de l'envie, comme les enfants, et de la brutalité des cœurs durs. Je lis dans une lettre : « Voici mon protégé, nous lui avons donné une paire de souliers qui vient de mon père, et qui est trop grande, plus un pantalon à faire arranger. »

Un exemple, chers Lecteurs, qui vous fera mieux comprendre le besoin que nous avons de ces vêtements, et ces histoires ne nous manquent pas, tant à Auteuil qu'à Billancourt.

Un jour une misérable et bonne grand'mère amène à l'abbé Roussel son petit-fils dans un tel dénuement qu'on n'hésite pas un seul instant à l'admettre. Mais la vieille femme ne s'en allait pas et semblait fort embarrassée. — « Vous pouvez partir maintenant, lui dit l'abbé ; mais elle restait toujours, semblant attendre et plus embarrassée que jamais. — C'est que, finit-elle par balbutier, j'attends le pantalon. — Quel pantalon? — Celui qu'a le petit et qui est à son camarade ; le sien était trop usé et trop déchiré ;

l'enfant n'était pas présentable ; un ami de son âge lui a offert celui qu'il portait, à la condition de le lui rendre, car il n'en avait pas d'autre : en attendant il reste au lit. » Le bon abbé ne put retenir un éclat de rire, comme vous allez le faire vous-même. On déculotta l'enfant, on le reculotta à nouveau et aux frais de l'Œuvre d'Auteuil. Alors la vieille grand'mère, cette fois, part et allégrement, le pantalon du camarade sous le bras.

Ceux qui ont des parents sont souvent le plus à plaindre. Le père est ivrogne et les assomme de coups ; la mère, vicieuse, les pervertit de ses exemples. Ils ne savent ce que c'est que la vertu ; ils n'ont jamais entendu parler de Dieu que pour blasphémer. Parfois il y a, par là, une excellente grand'mère, encore fidèle à de vieux souvenirs du pays, qui amène son petit-fils pour qu'on lui fasse faire sa Première Communion et dit hardiment au cher abbé Roussel : « Vous savez, il a tous les défauts.» — Parfois, c'est un Frère des Écoles Chrétiennes qui écrit : « Je certifie que X... est inscrit, depuis tantôt un an, à notre école et au catéchisme. Il y est venu si peu souvent et il nous a tellement dérangés, quand il y est venu, que nous vous le recommandons. »

Eh bien ! ce sont précisément ceux-là qu'aime l'abbé Roussel, parce qu'est plus grand chez eux le dénûment matériel et moral. Il les décrasse, les habille, les instruit, les chapitre, les encourage, les conseille, les relève, les métamorphose et, après leur Première Communion, honnêtes, fermes, soumis, aimant Dieu, le travail, la propreté, il les rejette dans la vie où il ne les abandonne jamais et les aide toujours de son mieux.

Comment ils sortent de l'asile ? Vous le voyez, armés contre les milieux empoisonnés où les appellent leur condition et leurs métiers, armés contre les hommes sans foi ni loi en religion et en politique, pleins de bonnes intentions, d'ardeur et de résignation.

Quelques-uns en sortent pourtant clandestinement et se sauvent. Mais, combien peu et, de ces quelques étourdis, presque tous reviennent d'eux-mêmes. Quant aux endurcis, ils regrettent leur escapade toujours et tôt ou tard. Il n'y a pas longtemps, trois prenaient la clef des champs et, le lendemain, ils la rapportaient, affamés, honteux, confus, jurant qu'on ne les y reprendrait plus. Au début de l'Œuvre, les évasions étaient plus fréquentes et, comme surveillant de ses camarades, M. l'abbé Roussel avait établi un petit vagabond qui s'était, pour son compte, sauvé trois fois et était trois fois revenu, désirant par-dessus tout faire sa Première Communion. Cette fois, il jura que c'était fini. Établi gardien de la porte et très fier de cette confiance, quand un de ses camarades tentait de franchir la grille, il le guettait, lui sautait au collet et le ramenait en disant : « M. l'Abbé, je vous en reconduis un et je lui ai fait la morale tout le temps. »

Un de ces fuyards ne rentra pourtant pas et, quelque semaines après il écrivait à M. l'abbé : « Jusqu'à présent je n'ai pas perdu mon temps et je ne suis pas près de vous ; je suis à 40 lieues. Eh bien ! depuis ce jour-là, je n'ai pas cessé de regretter ma sottise. »

Un autre qui s'était échappé deux fois et qui avait fini par aller échouer à la petite Roquette, écrivait à sa Mère : « Je sais mon catéchisme, M. l'Aumônier voudrait me faire faire ma Première Communion ; mais je ne veux pas la faire en Prison, parce que je ne pourrais pas en garder le Souvenir. Je t'en prie, va trouver l'abbé Roussel et

LES ARRIVANTS ET LES ANCIENS

supplie-le de me reprendre, je lui promets de ne plus me sauver parce que c'est chez lui que je veux faire ma Première Communion. »

Ce qu'ils deviennent dans la vie ? L'asile cherche toujours à placer ses chers petits communiants. C'est la première sollicitude de cette tutelle qu'il continue à exercer sur eux. Quelques-uns restent dans les ateliers d'Auteuil. — Certain jour, un pauvre petit sur le point de partir sanglotait bien fort entre sa mère, marchande des quatre saisons, et sa sœur, une modeste ouvrière. Il voulait entrer à l'École professionnelle, mais cela coûtait une petite pension ; la mère, devant le désespoir de l'enfant, s'engage à fournir la somme, en été ; la sœur offre son livret de Caisse d'épargne, et l'excellent abbé décide que c'est la Providence qui fera le reste (1).

Beaucoup prennent un métier, le plus grand nombre, et alors, on reçoit des lettres comme celle-ci : « Je vous ai adressé, jadis, un pauvre petit garçon dont vous avez fait un honnête ouvrier... » Pourquoi en citer d'autres ? Les enfants qui sortent d'Auteuil deviennent, croyez-le bien, des modèles de fils, de frères, d'époux, de pères, de chrétiens et d'ouvriers ; d'autres ont embrassé la vie religieuse et sont prêtres, missionnaires ou Frères.

Quelques-uns se font soldats et certains étudient pour les Écoles militaires. S'ils ont un congé, orphelins souvent, ils viennent le passer à *leur* maison d'Auteuil. S'ils gagnent un galon, ils accourent fièrement l'y montrer. Un jeune sergent arrive un dimanche et assiste à la messe qu'il n'avait jamais manquée volontairement au régiment.

(1) Tous les enfants de la Première Communion, au nombre de plus de 200 par an, sont reçus et habillés gratuitement. On ne paie pension que pour l'École professionnelle.

— Un autre, débarqué à 3 heures du matin et n'ayant que quelques heures à passer à Paris, à 4 heures 1/2 frappe à la porte de la chambre de l'abbé Roussel en criant : « Père Roussel ? Père Roussel » — Un troisième écrit : « Mon cœur ne peut s'empêcher de battre quand je pense au temps heureux que j'ai passé dans votre bonne maison, et c'est pour vous montrer mon affection, que je vivrai dans la bonne voie où vous m'avez conduit... Comme je suis heureux de prouver à Dieu et à vous, cher et vénéré Père, ma reconnaissance, en assistant au saint Sacrifice de la Messe !... Le Fleix s'est écroulé ? Les soldats n'ont pas beaucoup d'argent, mais je vais économiser afin de pouvoir porter au moins 1 franc au Fleix quand j'y retournerai... »

Qu'est-il besoin de commentaires ? Ce franc et cette messe, n'est-ce pas là de l'adorable charité et de la sublime reconnaissance ?

Il en est de ces chers enfants qui reviennent plus tard à Auteuil, témoin celui qui, un soir, dans l'allée, pleurait à chaudes larmes. — Que fais-tu là, mon petit ? — Monsieur l'abbé, je viens chez vous. Maman m'a dit comme ça : « Puisque personne ne veut de toi et que je ne peux pas te nourrir, retourne chez l'abbé Roussel chez qui tu te plaisais tant ! » Le petit bonhomme ne se l'était pas fait dire deux fois par sa mère, pas plus que le cher abbé par son cœur pour le recevoir.

Ce qu'ils pensent d'Auteuil ? Vous vous en douteriez bien, si vous ne l'aviez appris déjà par ce qui précède. Que de charmantes choses j'aurais à raconter ! que de témoignages de gratitude, de vénération ! quelle avalanche de lettres affectueuses écrites tout le long de l'année ! Ah ! les excellents cœurs !

Vite et sans choix, trois anecdotes. Un des bons enfants d'Auteuil, après sa Première Communion et son apprentissage, est placé à Paris. Au bout de quelques mois, en visite avec sa mère, il portait pour la chapelle deux magnifiques bouquets achetés avec les économies de ses pourboires, pendant six mois. — Un autre mettait de côté les sous que ses parents lui apportaient. Il en achète une petite lampe d'autel, priant, dans une lettre bien naïve et bien touchante « qu'on fît brûler sa petite lampe sur l'autel le jour de sa Première Communion, et demandant aussi à M. l'abbé de faire une petite prière pour celui qui ne l'oubliera pas ce jour et qui se dit son enfant reconnaissant. » — Le troisième avait douze ans, et pour protecteur un frère de dix-huit ans. Le jour de sa Première Communion, il présente ce grand frère à l'abbé Roussel et, les larmes aux yeux : « Frère, je voudrais te demander quelque chose, mais tu ne voudras pas me l'accorder? — Je te le promets, si cela se peut. » Sanglotant, alors l'enfant dit : « Je suis si heureux aujourd'hui que je veux pour toi le même bonheur. M. l'abbé, confessez mon frère. » Le jeune homme rougit, embrasse son cadet et, comme cela se pouvait, il tint sa promesse.

Comment ils meurent? Ah ! ils meurent bien, allez, soit qu'ils meurent de maladie dans leur lit, soit qu'ils meurent de leur dévouement, n'importe où. Savoir bien vivre, c'est savoir bien mourir. Et n'est-ce pas là ce qu'on leur enseigne à Auteuil?

Certain jour un petit mousse vint spontanément demander à Auteuil qu'on lui fît faire sa première Communion. Il repart ensuite sur un vaisseau caboteur des côtes de l'Océan, et devient le souffre-douleur de l'équipage. Une tempête met le navire en perdition sur un banc de récifs en vue de la terre. Il va sombrer, qui se risquera à porter à la côte le câble de sauvetage ? Qui veut l'essayer ? Moi, répondit le mousse et, avant qu'on pût l'arrêter, se passant autour du corps le nœud coulant de l'amarre, il fait le signe de la Croix et saute dans la mer. Un murmure d'admiration l'accompagne. Il nage, dans les ténèbres, et tout à coup, dans la nuit, un *hourrah* poussé de la rive parvient jusqu'au navire. L'amarre est à terre, avec le petit mousse que, dans une dernière violence, l'Océan a brisé, hélas ! contre une roche. L'enfant avait sacrifié sa vie pour sauver des hommes, ses frères en Jésus-Christ et ses bourreaux.

Que dire de plus ? Rien, sinon qu'un asile, capable de donner au monde et au Ciel de tels enfants et de telles âmes, est un saint honneur pour M. l'abbé Roussel et une grande bénédiction pour la France.

Solution de la question Sociale, avons-nous dit : deux traits comme preuves et écourtés, car la place me manque. M. l'abbé rencontre un de ses anciens enfants. La maladie a sévi sur lui et chez lui. « Je cours pour vous à l'Assistance Publique. » — « Non : j'avais 2000 fr. d'économies, 1000 sont mangés, je les rattraperai. Pourquoi enlever un secours à de plus malheureux que moi ? » — Un jeune rouleur est condamné à mort. Son frère, est à Auteuil, on lui fait faire sa première communion. Puis, se tournant en pleurs vers l'abbé : « Et quand je pense que, si vous ne m'aviez pas recueilli, j'aurais fait comme mon frère ! »

Vous pouvez conclure.

AIMÉ GIRON.

LA CHARITÉ PRIVÉE A PARIS

SON ACTION AU POINT DE VUE SOCIAL

I. — L'Abbé Roussel.

Il existe à Paris 126 maisons charitables où 10,180 enfants pauvres sont recueillis, reçoivent quelque instruction et acquièrent les premières notions d'un métier qui, plus tard, leur permettra de gagner leur vie. Parmi ces maisons, qui sont des refuges aussi bien que des écoles et des ateliers, 31 appartiennent aux Sœurs de Saint-Vincent de Paul, et, sur les 31, il y en a 18 pour lesquelles les recettes sont inférieures aux dépenses (1). Cela n'arrête pas les saintes filles, qui, malgré l'insuffisance de leurs ressources, continuent l'œuvre d'adoption à laquelle elles se sont vouées. L'esprit du fondateur, de leur premier maître, ne s'est pas éteint. Elles se souviennent que, par les nuits d'hiver, il s'en allait parcourant les rues, ramassant au coin des bornes les enfants abandonnés sur la neige, les réchauffant contre sa poi-

---

(1) Voir l'*Enquête sur les orphelinats et autres établissements de charité consacrés à l'enfance*. Annexes au rapport de M. Théophile Roussel, IIe partie (Sénat) ; dép. de la Seine : Notes complémentaires, p. 581 et seq.

MAXIME DU CAMP

DE L'ACADÉMIE FRANÇAISE

trine, où battait un grand cœur, les enveloppant d'un coin de sa soutane et les arrachant à la mort qui les guettait. Elles s'appellent les Filles de Charité et ne mentent pas à leur nom. Les misères de leur pays ne leur suffisent pas; elles émigrent comme des oiseaux de bienfaisance, portant avec elles le génie du sacrifice et de l'amour de ce qui souffre. Dans toutes les contrées que j'ai parcourues, au milieu des sectes les plus hostiles à la religion qu'elles professent, je les ai vues à l'œuvre, proprettes, actives, cachant leur visage sous la vaste coiffe qui ressemble aux ailes d'un cygne blanc, instruisant les petites filles, visitant les malades, secourant les pestiférés et bénies par nos marins, qu'elles soignent dans les hôpitaux que la France possède sur les rivages étrangers. A Paris, elles se multiplient et ne reculent devant aucun labeur: elles maintenaient la gaieté dans l'école, elles apportaient l'espérance dans l'hôpital ; on les en a chassées, elles y reviendront.

Si ample que soit leur action, elles ne peuvent suffire à toutes les infortunes qu'elles voudraient apaiser; il faut qu'elles en laissent à d'autres, qui glanent derrière elles dans le fertile sillon des misères humaines et se baissent pieusement pour relever les rebuts d'une société, que rongent les maux et les vices. J'ai déjà fait connaître le dévouement des Frères hospitaliers de Saint-Jean de Dieu (1); infirmiers, sinon médecins, ils rassemblent autour de leur robe de bure les enfants que les scrofules ont détruits et rendus incapables de se prémunir contre les nécessités de l'existence: mais il n'y a pas seulement les scrofules physiques que l'on badigeonne de teinture d'iode et que l'on cache sous des

(1) Voir la *Revue des Deux-Mondes* du 1er juillet 1883.

Vue Générale de l'Œuvre d'Auteuil, 40, Rue La Fontaine.

bandelettes, il y a les scrofules morales, issues, comme les autres, de la dépravation et du délaissement de soi-même. L'enfant qui en est frappé pourra être robuste et éviter le lit des hôpitaux publics ; mais il s'asseoira sur le banc des tribunaux correctionnels et des cours d'assises, il connaîtra les geôles, il dormira sur le grabat cellulaire ; il grandit pour le bagne et peut-être pour l'échafaud. — Combien en ai-je vu, lorsque j'étudiais le monde des malfaiteurs, qui ont débuté par le vagabondage, ont glissé dans l'ivrognerie, sont tombés dans le vol et ont fini par l'assassinat ! La société réprime et ne prévient pas : elle punit le délit et ne l'empêche point de se produire. La justice condamne un enfant ; l'administration s'en saisit, l'enferme et le garde pendant un temps déterminé par la loi ; si elle l'isole, elle le laisse avec lui-même, c'est-à-dire avec son propre vice ; si elle le place près de ses congénères, elle le mêle aux vices d'autrui, qui le pénètrent. Dans le premier cas, médication périlleuse ; dans le second, émulation vers le mal : danger des deux parts ; on a reçu un vaurien, on rend un criminel. A Paris, la prison qui enclôt les enfants condamnés et la prison, où l'on est momentanément déposé avant de partir pour les maisons centrales ou pour les pénitenciers d'outremer, se font vis-à-vis, presque sous les ombrages du cimetière de l'Est. L'une est l'antichambre de l'autre. Un surveillant de « la correction paternelle » me disait dans un langage pittoresque qui m'a frappé : « Ici à la Petite-Roquette, nous semons et nous plantons ; c'est la Grande-Roquette qui récolte. » Ce brave homme avait raison ; je lui demandai : « Si votre fils était un mauvais sujet, le feriez-vous enfermer ici ? » Il me répondit brusquement, comme un homme dont l'expérience a formé la conviction : « Ici ? pour en faire un galérien, jamais ! J'aimerais mieux l'étrangler. » J'ai visité plusieurs fois ce bagne de l'enfance, j'ai ouvert la porte des cellules, j'ai causé avec les petits détenus, j'ai demandé la grâce de ceux qu'on ficelait dans la camisole de force parce qu'ils étaient récalcitrants, j'ai pu constater à l'infirmerie leur étrange précocité ; je les ai vus bâiller dans les boxes de la chapelle, pendant les offices ; je les ai regardés travailler sans courage,

se promener avec ennui dans leur étroit préau, et j'ai trouvé que, moralement physiquement, cette prison était impitoyable ; elle emmure l'enfant e ne fait rien pour lui. Elle m'a paru être le contraire d'un instrument de préservation sociale. Tant que la prison ne sera pas un hospice moral, la réforme pénitentiaire ne sera pas ébauchée.

Traiter un enfant vagabond, d'âge irresponsable, échappé de la maison paternelle et, le plus souvent abandonné, sinon chassé par sa famille, comme on traite un voleur, c'est lui apprendre à voler. J'ai vu juger, je m'en souviens, un gamin d'une douzaine d'années, maigre, ébouriffé, à peine vêtu, à la fois ironique et respectueux dans ses réponses. On l'avait rencontré, vaguant autour des Halles, et cherchant un abri derrière les tas de légumes pour y dormir. On l'avait arrêté, mené au poste, transféré au Dépôt et traduit devant le tribunal de police correctionnelle. Il raconta son histoire, qui était simple et commune à plus d'un. Son père s'en était allé il ne sait où ; sa mère s'était accouplée avec un ouvrier qui, voyant que l'enfant était onéreux à nourrir, l'avait mis à la porte en lui disant qu'un « homme » doit gagner sa vie. Le pauvre petit errait depuis deux mois, attrapant par-ci par-là une pièce de deux sous à ouvrir la portière des fiacres à la sortie des théâtres, mangeant on ne sait comment, couchant partout, excepté dans un lit, restant probe et se défendant contre toute tentation. Manifestement, les juges avaient de la sympathie pour lui ; mais le délit était moins que douteux, il était avoué ; l'article 271 du code pénal est précis : « Les vagabonds âgés de moins de seize ans ne pourront être condamnés à la peine d'emprisonnement ; mais sur la preuve des faits de vagabondage, ils seront renvoyés sous la surveillance de la haute police jusqu'à l'âge de vingt ans accomplis. » Or, en l'espèce, la surveillance de la haute police s'exerce dans une des cellules de la Petite-Roquette. A quelques mots dits par le substitut, l'enfant comprit ce qui l'attendait. De cette voix grasseyante et sortant de l'arrière-gorge qui est familière aux gamins de Paris, il parla. Ce qu'il dit je ne l'ai point oublié : « Pendant deux mois, j'ai vécu avec des trognons de choux et dormi en plein air afin de ne pas voler, et vous allez me faire enfermer comme un voleur ! Est-ce là votre justice ? » L'impression fut vive au tribunal ; on ajourna le prononcé du jugement à huitaine, en sollicitant l'attention des personnes bienfaisantes sur cet enfant qui n'avait commis d'autre délit que de n'être pas en âge de pouvoir travailler. L'appel fut entendu ; ce vagabond malgré lui fut mis en apprentissage et est devenu un bon ouvrier. Celui-là, du moins, fut sauvé ; mais combien ont été perdus, perdus à jamais, pour n'avoir pas rencontré au bord de l'abîme la main qui tire en arrière et remet dans le bon chemin ! Si, avec les 100,000 petits vagabonds qui errent en France, on établissait dans nos possessions algériennes une colonie d'enfants de troupe, on formerait peut-être, sans grand' peine ni dépense, un corps de soldats dont la vigueur et la résistance ne seraient pas superflues en certains cas.

A Paris, il existe 126 maisons, pour le département de la Seine 163, sur lesquelles 18 seulement recueillent les garçons ; toutes les autres sont réservées aux petites filles et aux jeunes filles. On dirait que la charité, dédaignant le premier-né de la création humaine, ne veut s'occuper que de sa compagne, de l'être fragile, ouvert à la tentation et curieux, auquel les traditions bibliques attribuent la déchéance de notre race. La foi s'ingénie à sauver la femme ; elle la prend au berceau, lui ouvre la crèche, la salle d'asile, l'école, l'atelier professionnel ; elle soigne au Calvaire ses maux incurables, elle va la chercher à l'infirmerie de Saint-Lazare, dans les salles de l'hôpital de Lourcine, pour la conduire au Bon-Pasteur et l'enlever au vice. C'est la femme qui exerce la Charité, où la pousse son cœur immuablement maternel ; elle s'adresse de préférence à la femme, dont sa réserve n'a rien à redouter et vis-à-vis de laquelle elle reste en confiance. Dans les instituts de charité, sauf de très rares exceptions, dont la congrégation des

Petites Sœurs des Pauvres est le plus mémorable exemple, les hommes s'occupent des garçons, les femmes ne se consacrent qu'aux petites filles, et comme l'homme n'a pas la bienfaisance active et persistante de la femme, il en résulte qu'un des sexes est presque abandonné, tandis que l'autre est incessamment secouru. C'est un tort, car l'homme est aussi faillible, aussi vicieux que la femme ; tous deux sont frappés de la tache originelle, c'est-à-dire de cette bestialité qui subsiste en nous, comme le mal héréditaire transmis par les ancêtres de la première heure.

On dirait qu'en ceci la question de moralité, au sens étroit du mot, domine toutes les autres. Prendre la petite fille, la pénétrer de bons conseils, la revêtir de sagesse, lui enseigner le métier qui gagne honorablement le pain, c'est enlever des auxiliaires à la débauche, je le sais : mais saisir le petit garçon, le forger pour le combat de la vie, le détourner de l'improbité, lui mettre en main l'outil rémunérateur, c'est diminuer l'armée du crime. Qui peuple l'école dépeuple le bagne. De même que tout soldat a dans sa giberne un bâton de maréchal, de même tout enfant errant porte le bonnet vert dans son bagage. L'État a charge d'âmes, il ne paraît pas s'en douter ; devant ce danger, il reste inerte ou se perd dans des logomachies vaines. L'auteur de l'enquête que j'ai déjà citée a pu dire sans commettre d'erreur : « Les maisons d'éducation correctionnelle et la prison sont encore, pour les garçons, le grand refuge ouvert par la société. » Aussi doit-on approuver, doit-on encourager par tous les moyens les hommes qui réunissent autour d'eux les pauvres petits que la précocité du vice ou l'abandon a jetés comme des chiens perdus, dans le désert de notre grande ville. C'est la foi qui les émeut et leur enjoint de courir après les déserteurs de la vie régulière pour les ramener dans le rang. Œuvre de charité, œuvre sociale, c'est tout un, il ne faut pas s'y tromper. Recueillir les vieillards, les abriter, les nourrir, les aider à saisir l'espérance de la minute suprême, c'est bien ; ramasser des enfants, les soustraire au mal, aux méfaits, aux répressions obligées, c'est mieux. Dans le premier cas, on soulage une infortune et souvent l'on répare une injustice ; dans le second, on cicatrise une plaie morale, on conjure un péril qui est à la fois individuel et collectif. En neutralisant un futur malfaiteur, on lui rend service et l'on rend service à la société.

Un fait accidentel détermine le plus souvent la vocation des hommes de bienfaisance. Un jour, par hasard, ils rencontrent une brebis malade ; ils l'emportent, la réchauffent et la nourrissent ; puis une autre vient se joindre à la première, puis encore une autre, et bientôt le troupeau est si nombreux qu'il faut lui bâtir des bergeries. L'Œuvre que Dom Bosco a créée à Turin et qu'il fait rayonner sur l'Italie, a maintenant des établissements spéciaux où les enfants délaissés forment de véritables corporations de métiers. Avant de posséder de tels établissements, on avait une simple maison, avant la maison, un hangar, avant le hangar, un pré : pendant le jour on y travaillait ; pendant la nuit, on y dormait sur l'herbe, à la belle étoile. Au mois de décembre 1841, Dom Bosco allait dire la messe et le sacristain cherchait un enfant qui pût la servir ; un vagabond, âgé de seize ans, nommé Barthélemy Garelli, se promenait dans l'église, regardant les tableaux et bayant aux statues. Le sacristain le requit, l'enfant refusa : on en vint aux gros mots et aux tournades. Dom Bosco intervint, calma l'enfant, le g... près de lui, l'interrogea et constata qu'il ne savait mê... ... faire le signe de la croix. De cette minute, il se pro... ... vouer à la jeunesse abandonnée.

L'Orphelinat des Apprentis dont je vais parler et qui me paraît appelé à un développement justifié par son utilité même, est né d'une illumination pareille. Dans la nuit, il suffit d'un éclair pour découvrir les points les plus éloignés de l'horizon. Un fait isolé révèle parfois des profondeurs de misère que nul n'aurait soupçonnées. Comme Dom Bosco, l'abbé Roussel s'est trouvé inopinément en face d'un vagabond, et il en est résulté l'Orphelinat d'Auteuil, dont il est le créateur. Les documents concernant cette fondation bienfaisante sont entre mes mains; pour les consulter, je n'ai eu qu'à ouvrir les archives de l'Académie française, qui, grâce aux largesses de M. de Montyon, a le devoir de chercher, de récompenser et de signaler les actes de vertu. Un soir, à la fin de l'hiver de 1865, l'abbé Roussel aperçut un enfant qui fouillait dans un tas d'ordures « Qu'est-ce que tu fais là? — Je cherche de quoi manger. » L'abbé prit l'enfant, l'emmena, le fit dîner et le coucha. L'Œuvre venait de naître. L'abbé Roussel se mit en quête et rentra avec une autre vagabond : huit jours après sa première trouvaille, il hébergeait six enfants, qui encombraient sa chambre. On y campait comme à la veille d'une bataille, un peu pêle-mêle. L'abbé nourrissait son petit monde de son mieux, mais ses ressources étaient limitées; souvent on ne vivait que de pain sec trempé d'eau claire et, parfois, on se couchait sans souper.

L'abbé Roussel n'était pas homme à se décourager ; on doit s'attendre à d'autres difficultés lorsqu'on a sérieusement revêtu la soutane, lorsque l'on a compris que la prêtrise est une mission et non pas un métier. Il a une chaleur de générosité qui ne lui laisse guère de répit et ne lui permet pas de reculer. Saint Martin coupait son manteau en deux pour couvrir la nudité d'un mendiant, j'imagine que l'abbé trouverait que c'est perdre du temps et qu'il est plus expéditif de donner toute la soutane. Il est né en 1825, dans le département de la Sarthe, à Saint-Paterne, mince bourgade où Henri IV séjourna jadis. A portée d'horizon, verdoie la forêt de Perseigne, que fréquentent les loups, et dans laquelle j'ai vu, il y a cinquante ans, des bandes de bûcherons, de charbonniers et de sabotiers, vivre comme des nomades, tribus sylvestres qui dormaient sur la mousse et dont les huttes me faisaient envie. La nature y a des soubresauts ; là, sèche, plate, dure ; ailleurs, à quelques enjambées plus loin, humide, frissonnante, feuillée et délicate. Au long de la Sarthe, à Saint-Léonard-des-Bois, à Fresnay-le-Vicomte, il y a des paysages charmants, « faits pour le plaisir des yeux », comme l'on disait au siècle dernier. C'est la contrée des belles filles et des beaux gars ; le soir, dans la plaine, l'odeur des chanvres monte comme un parfum enivrant. La race est forte, ergoteuse, méfiante ; d'opinions profondes et parfois passionnées, elle a fourni plus d'une recrue aux chouans qui tenaient la campagne et faisaient la chasse aux bleus. La femme tisse la toile et rêve ; l'homme, penché vers la terre, laboure et cache, dans le sillon, un fusil de braconnier. Là, le paysan est lent à se mouvoir, mais lorsqu'il a reçu l'impulsion et qu'il s'est mis en marche, rien ne l'arrête. Il est tenace. Cette qualité du terroir, l'abbé Roussel la possède : mais il y joint l'activité, l'éloquence et une confiance en Dieu qui ressemblerait à un défaut de prévision, s'il n'avait la foi, cette foi par laquelle les montagnes sont soulevées.

Dans sa petite chambre, avec les six gamins qu'il avait recueillis en marge du ruisseau, il se trouvait fort empêché de subvenir aux nécessités quotidiennes ; il s'en ouvrit à quelques amis, qui lui vinrent en aide ; on vécut, ou du moins on ne mourut pas de faim ; c'était plus que l'on ne pouvait espérer. L'abbé Roussel a l'imagination vive, son cœur l'échauffe, et il est emporté par des rêves dont son énergie fait des réalités. Tout en dégrossissant de son mieux les matériaux humains qu'il avait récoltés, il se demandait avec angoisse combien d'enfants évadés ou chassés de la maison paternelle, échappent à l'école, échappent à la paroisse et grandissent dans la vie, incultes, sans religion, sans morale. Que fait-on pour eux ? Rien. Ne pourrait-on, du moins, leur donner quelques notions élémentaires, clarifier leur âme, y déposer un germe de bien et leur enseigner les premiers principes d'une religion dont le Dieu a dit : « Ne fais pas à autrui ce que tu ne veux pas que l'on te fasse ? » Ce fut là l'idée qui poignit l'abbé Roussel, idée qui devait s'emparer de lui jusqu'à l'obsession.

Il était séduit et ne raisonnait plus. Un marinier se jette à l'eau pour sauver un homme qui se noie, un prêtre convaincu se jette dans l'impossible pour sauver une âme qui se perd ; l'un et l'autre croient ne faire que leur devoir ; l'un joue son existence, l'autre joue son repos. Le projet fut conçu : mais comment l'exécuter ! Pas de maison. Un homme d'affaires n'eût point hésité, il eût renoncé à un dessein dont la réalisation offrait toutes les apparences de l'insuccès ! Grâce au ciel, l'abbé n'était point un homme d'affaires, il n'hésita pas non plus et il se précipita tête baissée dans l'œuvre entrevue à la lueur de la charité. Il apprit qu'une « villa » abandonnée était à vendre, rue La Fontaine, à Auteuil. Une villa ! voilà bien le langage emphatique du Parisien, qui ne peut plus désigner les choses par leur nom, qui appelle les portiers des concierges, les rhumes des bronchites, et le mérinos du cachemire. La villa était une masure, je pourrais aussi bien dire une baraque, située au bout d'une allée de vieux peupliers, au milieu d'un terrain que les chardons, les chicorées sauvages et la folle avoine avaient envahi. A la rigueur on pouvait loger dans la maison, à la condition d'y être mouillé les jours de pluie, de remplacer par un papier les vitres absentes et de dormir avec les portes ouvertes, parce que les portes ne fermaient point. L'abbé marchait au milieu des hautes herbes, faisait le tour de la maison, la jaugeait du regard, la réparait, l'agrandissait, la meublait par l'imagination. « Il faut l'avoir et je l'aurai ! » Il se constitua mendiant pour le rachat des petits vagabonds et alla mendier. Les Frères de la Merci délivraient les chrétiens captifs de l'islamisme ; l'abbé Roussel a entrepris son pèlerinage, afin de délivrer les enfants de la captivité du vice.

L'Œuvre était de choix et digne d'être savourée par les raffinés de la bienfaisance. L'abbé Roussel a de la verve ; il plaidait une cause sacrée, celle de l'enfance misérable et délaissée ; il émut les cœurs ; on lui donna, non point partout ; il rencontra des accueils revêches, il subit des rebuffades ; il lui fallut compter avec les révoltes de son amour-propre ; il eut l'orgueil d'éteindre toute vanité en lui et de se faire humble pour secourir les petits. Il put acheter la maison, et l'on s'y installa le 19 Mars 1866 : *l'Œuvre de la Première Communion* était logée ; elle était fondée. Cette dénomination détermine le but que l'abbé Roussel visait alors et qui, aujourd'hui,

La Chapelle de l'Œuvre.

a été singulièrement dépassé : prendre les enfants vagabonds, leur enseigner la lecture, l'écriture, un peu de calcul, les mettre à même de comprendre le catéchisme et en état de faire leur Première Communion ; puis s'adresser aux sociétés de patronage, aux personnes charitables et placer ces enfants en apprentissage dans les ateliers où ils pourraient acquérir la pratique d'un métier. Ainsi limitée, l'Œuvre était déjà considérable et produisit de bons résultats ; on la soutenait avec des quêtes, quelques loteries et l'aumône anonyme qui, en France, ne manque jamais aux entreprises de commisération. La fonction que l'Abbé Roussel s'était imposée n'était point une sinécure. Ils sont parfois récalcitrants, les voyous de Paris, et leur maître en fit l'épreuve ; il fallait calmer par de bonnes paroles, et même autrement, les plus indomptés, plier à la discipline, à la vie régulière ces petits êtres malfaisants qui, dans la liberté sans limite de leur vie errante, avaient acquis une force de résistance extraordinaire. Ils avaient toutes les élasticités du corps et toutes les ankyloses de l'esprit, ils excellaient à marcher sur les mains, à grimper aux arbres, à faire le saut périlleux ; mais quand on leur enseignait la règle des possessifs ou que l'on cherchait à leur faire comprendre un dogme religieux, ils tombaient en rêverie et regrettaient les heures où, vagabonds, morveux, affamés, ils jouaient à la « pigoche » sur les berges de la Seine. Ce n'est qu'à force de patience que l'on parvenait à fixer leur attention ; bien souvent la toile de Pénélope, que l'on avait eu tant de peine à tisser, se défaisait d'elle-même, et il fallait recommencer le lendemain la besogne de la veille.

L'abbé Roussel, fort heureusement, a été doué par la nature d'une énergie rare, il a le privilège de ne se jamais lasser ; un de ses amis me disait : « Il est infatiguable : depuis 30 ans que je le connais, je ne l'ai jamais vu en repos. » Levé le premier, couché longtemps après les élèves, il leur donnait l'exemple d'une activité indomptable ; il ne les quittait guère, les instruisait, partageait leur repas et, retroussant bravement sa soutane, jouait avec eux ; il était à la fois leur directeur, leur professeur et leur camarade. L'expansion, qui est une de ses forces, séduisait ses enfants, adoucissait les plus rebelles. L'abbé pouvait être content de son Œuvre, et, cependant il n'en était point satisfait. Dès qu'il avait dégrossi ses petits vagabonds, qu'il les avait appelés à une croyance féconde et initiés au bien, ils lui échappaient, car on les plaçait en qualité d'apprentis, dans la périlleuse promiscuité des ateliers ; plus d'un s'en est échappé, a repris la vie d'aventures et, harassé, est venu demander à l'abbé Roussel un asile qui ne lui a pas été refusé. Vers 1868, l'abbé comprit que l'Œuvre de la Première Communion n'était, en quelque sorte, qu'une œuvre préparatoire, qui devait être complétée et prolongée, pour devenir matériellement et socialement utile aux enfants. Il mettait ses pupilles en état d'être apprentis, c'était beaucoup ; mais s'il réussissait à les mettre en état d'être ouvriers, il assurait leur salut et les munissait d'un gagne-pain définitif. A l'école les enfants apprenaient à lire et à croire ; il se décide à y joindre l'école professionnelle, où ils apprendraient un métier. Au lieu de confier l'apprentissage de ses élèves à des patrons étrangers, il ferait faire cet apprentissage sous ses yeux, par des contre-maîtres qu'il surveillerait. Pour installer des ateliers, il faut de la place, et l'on n'en avait pas ; toute la maison était occupée par des dortoirs, le réfectoire et les classes ; restait un hangar extérieur qui servait de débarras ; on le déblaya et l'on y établit un atelier de cordonnerie avec un patron et deux élèves. L'âme de Henri Michel Buch, qui, en 1664, donna les statuts de la communauté des Frères cordonniers de Saint Crépin et de Saint Crépinien, a dû en tressaillir de joie.

Au moment où l'abbé Roussel s'occupait de modifier l'Œuvre de la Première Communion en y annexant l'Orphelinat des apprentis, il fut brusquement arrêté.

Apprenti Cordonnier,

La guerre venait d'éclater, temps peu propice pour les Instituts de bienfaisance ; lorsque les hommes s'entretuent, on ne pense pas aux vagabonds. Après la guerre, ce fut la Commune ; après le désastre, le crime. Les obus des batteries de Montretout n'épargnaient pas Auteuil, dont les fédérés déménageaient les maisons particulières. Les orphelins, les enfants abandonnés ne manquaient point dans nos rues ; nos soldats les nourrissaient ; le matin, aux portes des casernes, on apercevait des bandes de petits affamés qui regardaient du côté des gamelles. Le cardinal Guibert, nommé archevêque de Paris, poussa une clameur de détresse. Son prédécesseur, arrêté, transféré au Dépôt, du Dépôt à Mazas, de Mazas à la Grande-Roquette, avait été massacré et était mort en bénissant ses meurtriers. Les meurtriers, leurs complices et leurs congénères, tués en combattant, fusillés, en fuite ou déportés, avaient laissé derrière eux des enfants que la faim menaçait et que le vice allait prendre ; l'archevêque s'émut et par une lettre pastorale invita la charité à venir en aide à ces orphelins rouges qu'il adoptait. Si c'est là ce que l'on nomme le « cléricalisme », il faut reconnaître que le cléricalisme a du bon.

L'abbé Roussel, non plus, ne pouvait rester indifférent ; les événements avaient triplé le nombre de ses élèves. Les orphelins refluaient vers lui ; on lui en amenait, il en ramassait ; quelques-uns, bien avisés, venaient d'eux-mêmes. La plupart des ateliers de Paris étaient en chômage ; dans beaucoup de corps d'états, il fallait, avant de fabriquer de nouvelles marchandises, écouler le stock que la guerre et la rupture des relations commerciales avaient immobilisé. Le placement des apprentis devenait presque impossible ; les circonstances étaient tellement urgentes que la création d'une école professionnelle, essayée dans de très étroites proportions avant la guerre, s'imposait à la charité de l'abbé Roussel. Successivement avec plus d'espérances que de ressources, des ateliers pour des imprimeurs, des menuisiers, des serruriers, des mouleurs, des tailleurs, des peintres, etc., se groupèrent autour du premier atelier de cordonnerie, qui, lui-même, avait reçu un développement considérable. Au lieu de quitter l'Œuvre à douze ou treize ans, après leur Première Communion, les enfants y pouvaient rester jusqu'à dix-huit, jusqu'à vingt ans, et

Apprenti Menuisier.

ne s'en aller que nantis du bon outil qui fait vivre. *Dieu seul saura jamais ce qu'il a fallu de persistance dans le dévouement, de foi dans la charité humaine et de fatigues, pour ne pas succomber à la tâche !* L'abbé Roussel sut ne point faiblir ; il avait accepté, il avait recherché de subvenir aux besoins, à l'instruction, à l'apprentissage de tous les enfants qui lui demandaient asile ; pour parer à tant d'exigences, il n'avait que son bon vouloir. Là aussi on vécut au jour le jour : plus d'une fois on fut aux expédients ; avec une admirable imprudence, l'abbé Roussel empruntait, sans regarder devant lui, il engageait sa signature, persuadé qu'aux jours d'échéance, Dieu ne laisserait pas protester le sort des orphelins.

En 1878, un dossier signalant la conduite de l'abbé Roussel fut adressé à l'Académie Française, qui le transmit à la commission chargée d'apprécier les actes dignes de figurer sur les tables d'or de la vertu. M. de Montyon n'a pas voulu seulement que la vertu fut récompensée, il a voulu qu'elle soit célébrée ; et c'est pourquoi le soin de la découvrir et de la mettre en lumière, a été confié à la Compagnie qui parle dans des assises solennelles et dont la voix éveille les échos de la publicité. L'Académie apprécia tant d'efforts vers le bien, tant de sacrifices humblement accomplis pour soulager des infortunes imméritées, pour préserver le corps social d'un péril futur, et elle accorda à l'abbé Roussel la plus forte récompense dont son budget lui permettait de disposer ; elle lui décerna le prix Montyon de 2,500 francs, comme jadis elle avait offert un prix analogue à Jeanne Jugan. La somme réservée aux actes de vertu n'est jamais en rapport avec les actes mêmes, je le sais ; l'Académie Française en souffre, mais elle est limitée par les legs qu'elle a acceptés. L'effet moral dépasse singulièrement la valeur matérielle ; mais hélas ! ce n'est point avec un effet moral que l'on paie des dettes ; l'abbé Roussel en fit l'expérience. A l'heure où l'Académie Française le « couronnait » et désignait son Œuvre à la reconnaissance publique, il devait environ 200.000 francs, empruntés de toutes mains pour nourrir ses enfants et ne s'en point séparer. La situation était grave et ne pouvait se prolonger sans péril. On était arrivé au bord du fossé, il fallait y tomber ; on le franchit, grâce à une intervention que l'on ne saurait trop louer. Il est de mode de médire de la presse périodique et de la charger des méfaits du monde : et le bien qu'elle fait, n'en peut-on parler ?

M. de Villemessant dirigeait alors le journal *Le Figaro*, qu'il avait fondé. Comme tous les hommes qui ont combattu pour une cause et qui sont de tempérament agressif, il eut bien des adversaires et plus d'un ennemi ; mais aucun d'eux n'a pu lui reprocher de n'avoir pas une bienfaisance inépuisable et de ne pas mettre au service de la charité la forte publicité dont il disposait. Ce qu'il a signalé et secouru d'infortunes est considérable ; il connaissait bien le public français ; il savait l'émouvoir et l'entraînait à sa suite vers les bonnes actions qui ont sauvé des malheureux. Il apprit, je ne sais comment, la position redoutable où se trouvait l'abbé Roussel. Habitué « aux affaires », il vit d'un coup d'œil le dilemme qui s'imposait — ou payer les dettes d'une bienfaisance imprévoyante comme la foi qui l'avait inspirée, ou voir rejeter aux hasards de la démoralisation les enfants auxquels on avait promis du pain et de l'instruction. Il n'hésita pas. M. Bucheron, qui signait ses articles du nom de Saint-Genest, fit un article et raconta ce qu'il savait de l'œuvre de l'abbé Roussel. Au nom du dévouement d'un prêtre et de l'avenir des orphelins, il remua les âmes ; c'est presque la paraphrase de l'allocution de Saint Vincent de Paul : « Ils seront tous morts demain si vous les délaissez ! » La souscription est ouverte : *le Figaro* s'inscrit pour

10,000 francs ; Villemessant, pour 5,000, la rédaction du *Figaro*, pour 1,000 francs ; Alexandre Dumas fils, pour 500 ; la baronne S. de Rotschild, pour 1,000. Le premier jour, on récolte plus de 41,000 francs ; à la fin de la semaine, la souscription est close sur un total de 331,167 fr. 35 c. Je viens de revoir les listes, rien n'est plus touchant. De toutes parts on s'empresse, on vient du salon, de la mansarde et de l'antichambre ; de pauvres gens envoient quelques sous en timbres-poste, des invalides déposent leur obole, qui figure glorieusement à côté de grosses sommes versées par les banquiers ; dans les écoles on a quêté : des petites filles se sont cotisées ; de simples soldats ont donné leur prêt ; des athées, des protestants, des israélites ont couru au prêtre catholique et ont ouvert leur bourse dans sa main. Pour sauver un homme de bien, assurer l'existence des orphelins qu'il avait recueillis, développer l'œuvre préservatrice qu'il avait créée, neutraliser le vice et féconder l'intelligence, il avait suffi qu'un écrivain fit appel dans son journal au bon cœur de notre pays. O France ! sois bénie pour ta charité.

II. — La Maison d'Auteuil.

Aller à Auteuil, c'était presque un voyage au temps de mon enfance ; des coucous, stationnant aux angles des Champs-Élysées et la place de la Concorde, qui alors s'appelait la place Louis XV, y conduisaient ; des gondoles, dont le bureau était situé au coin de la rue de Rivoli et de la rue Neuve-du-Rempart, y menaient le matin et en revenaient le soir ; il y avait des parcs, des jardins, de véritables châteaux, des maisonnettes, des prairies où paissaient les bestiaux, des champs où travaillaient les moissonneurs, des chaumières de paysans, des rues non pavées, des sentiers conduisant à travers les herbes et les guinguettes, où, le dimanche, on dansait sous les grands arbres. Les fortifications ont englobé le village et l'ont soudé à Paris, dont il forme le XVIe arrondissement et le soixante-et-unième quartier. Encore un peu et ce qui reste des ombrages d'autrefois aura disparu ; le moellon a pris possession des vieilles allées, l'ardoise a remplacé la cime fleurie des acacias ; où le crin-crin des ménétriers a grincé, il y a des magasins de confection pour dames, et dans les clos que labourait la charrue, on a élevé des établissements hydrothérapiques qui, parfois, servent de prison d'état.

Au numéro 40 de la Rue La Fontaine, s'ouvre la maison fondée par l'abbé Roussel ; une porte latérale, appuyée à la loge du portier, côtoie la grille par où l'on pénètre dans une longue allée que rétrécissent des bâtiments de construction récente. Murs légers et pans de bois ; au premier aspect, ça ressemble à une usine ; c'en est une, en effet : la blanchisserie de l'enfance contaminée. Là, tout est simple et d'apparence pour ainsi dire provisoire : on sent que l'on a été à l'économie, que l'on a ménagé les matériaux et que l'on n'a demandé au plâtre, au pisé et aux lattes que d'abriter ceux dont les arches du pont étaient le toit, dont les bancs de nos promenades étaient le lit, dont les tas d'ordures étaient le garde-manger.

Pour les petits vagabonds qui sont venus là chercher asile contre la misère et un refuge contre eux-mêmes, c'est un palais ; pour nous, pour notre espérance, ce n'est que le campement d'une étape, le baraquement transitoire que remplacera un édifice définitif. Toujours infatigablement, je me rappelle la mansarde de Jeanne Jugan, et je me dis qu'il y aura des prodiges de charité pour les enfants, comme il y en aura pour les vieillards. La maison d'administration est des plus modestes; le parloir fait ce qu'il peut pour ressembler à un salon et n'y parvient guère; à la muraille je vois un beau

Imprimerie et allée conduisant à l'Œuvre.

portrait de l'abbé Roussel entre deux de ses élèves. C'est un don superbe en même temps qu'une affectueuse surprise que lui ont faite ses ouvriers le jour de sa fête. Sur des étagères, de gros albums contenant les noms des protecteurs ou des bienfaiteurs de l'Œuvre. L'enfant qui est entré là, nu-pieds, décharné, dissolu et qui sort instruit, solide, n'a qu'à feuilleter ces volumes pour savoir vers qui il doit diriger sa gratitude.

Lorsque j'ai visité l'Orphelinat d'Auteuil pour la première fois, les écoliers étaient en récréation après le repas du midi. Je me suis mêlé à eux, je les ai regardés. Ils n'ont rien de commun avec les « fils de famille » tirés à quatre épingles, bouclés, roses, vêtus de soie, un tantinet ridicules, servant de poupées à leur mère, sachant déjà choisir leurs relations et parlant anglais avec leur gouvernante. Ce sont des enfants rudes et dont le visage semble avoir été modelé dès l'enfance par une main brutale qui a laissé son empreinte. En pantalon de toile où j'ai vu bien des pièces, en forte chemise, les cheveux coupés ras, les pieds chaussés de souliers ferrés, ils ne les ménagent guère et se roulent sur le sable, sans souci de leur costume. A ce sujet, nulle observation ne leur est faite ; il faut que l'enfant soit libre dans ses jeux ; à cette seule condition, il obtiendra tout son développement physique ; le costume de l'enfant aux jeux doit être un costume absolument sacrifié. Le « Prends garde, tu vas déchirer ta veste ! » est d'une bonne ménagère, mais c'est la parole d'une mère qui ne comprend rien à l'éducation corporelle de son fils. On serait mal venu, je crois, de morigéner les élèves de l'Orphelinat d'Auteuil et de vouloir modérer leur impétuosité. L'abbé Roussel, du reste, ne le tolèrerait pas ; j'ai assez causé avec lui pour reconnaître que l'homme de religion et de charité se double d'un pédagogue pour qui l'enfant, cet être inconstant et multiple, a peu de mystères. Il sait qu'il est sage de laisser l'écolier éteindre et mater la précocité de ses instincts par l'exubérance même de ses jeux ; la fatigue, sinon l'épuisement qui succède à des exercices exagérés, est une sorte de sécurité morale où le repos s'appuie sans trouble et sans lutte. Il est hygiénique de harasser l'enfant : on le sait à Auteuil, et je m'en suis aperçu. La violence des jeux de ces gamins est extraordinaire. J'assistais à la récréation de ceux qui ont déjà fait leur Première Communion et sont considérés comme des « anciens »; je pouvais donc constater chez eux le résultat du système d'éducation qui leur est appliqué. On est obligé de n'en admettre qu'un nombre limité dans l'enceinte de la gymnastique; le trapèze, le tremplin, la barre fixe, la poutre mouvante, la corde à nœuds, la corde lisse, le portique, exercent sur eux

une véritable fascination. Veste bas et bras nus, s'encourageant, s'applaudissant, se huant, stimulant leur émulation de toute manière, ils développent une intrépidité et une adresse que j'ai admirées et dont plus d'un gymnaste serait fier. Ils y mettent de la passion et cette vanité innée du voyou de Paris, qui, en rien, ne consent à se laisser surpasser. La force et l'agilité sont qualités respectées dans le peuple; comme au temps d'Homère, on est parmi les premiers lorsqu'on ne fléchit pas sous un fardeau trop lourd : dans un monde où le coup de poing est l'argument suprême, la vigueur est

Les anneaux.

Les poids et les haltères.

une vertu. Les élèves de l'abbé Roussel font ce qu'ils peuvent pour être vertueux, ils y réussissent.

Leur divertissement le plus cher, après la gymnastique, leur fait des bras infatigables et des mains aptes aux durs labeurs. Ils soulèvent des haltères de fonte, ils ramassent des poids de 20 kilogrammes, et, le corps penché en arrière, les jarrets fléchis, la face congestionnée, ils les dressent jusqu'à la hauteur des épaules. J'ai vu là des enfants de quinze à seize ans se dépiter et devenir rouges de honte, parce qu'ils ne pouvaient porter une telle masse à bras tendu ; les plus âgés, ceux qui ont été recueillis aux premières heures et d'apprentis sont devenus contre-maîtres, ne dédaignent point cet exercice ; ils le compliquent et y déploient une force surprenante ; ils saisissent les poids, se les lancent mutuellement, les attrapent au vol et restent immobiles, fermes sur les reins, malgré la pesanteur du choc augmentée par la projection. J'ai admiré la vigueur musculaire de ces petits athlètes, j'estime que l'on fait bien de la développer. Le soir, après une journée où les récréations ont été employées à de tels tours de force, l'enfant ne rêvasse pas, il ne songe qu'à dormir et il dort. En outre, l'abbé Roussel, qui est un sage auquel la vie et la réflexion ont enseigné l'expérience, ne cherche pas à faire de ses pupilles des bacheliers, des savantasses, des « à peu-près » ; il veut qu'ils soient des ouvriers vaillants façonnés aux pénibles besognes, résistant à la fatigue et peu gênés pour manier le marteau du forgeron ou virer une pièce d'artillerie. La violence de leurs jeux est aussi une éducation professionnelle ; ils y trouvent l'énergie physique : quant à l'énergie morale, c'est le prêtre qui la donne.

— 43 —

La poutre oscillante.

La barre fixe.

J'ai pu me convaincre par moi-même combien les enfants qui résident déjà depuis quelque temps à l'Orphelinat d'Auteuil diffèrent de ceux que l'on y a récemment recueillis. Autant les premiers sont vivaces, bruyants, élastiques, autant les autres sont mornes, silencieux et veules. A une heure et demie, un coup de cloche annonça la fin de la récréation : on remit les vestes, on secoua la poussière, on rangea les appareils mobiles du gymnase, et, deux par deux, on se rendit aux ateliers. Lorsque la cour fut libre, j'y vis rentrer une cinquantaine d'enfants ; ce sont les « nouveaux », ceux qui viennent d'être reçus dans l'asile et qui doivent vivre séparés de leurs aînés jusqu'à ce qu'ils aient fait leur Première Communion. Ils jouent peu ; ils s'en vont les bras ballants, ne sachant que faire de leur liberté, flasques, sans entrain, comme en méfiance contre le mode d'existence qu'on leur offre. Appuyés contre un mur, les mains derrière le dos, le regard perdu, ils ont l'air de bouder contre eux-mêmes et de n'oser remuer. Moment de transition qui ne durera pas ; avant quinze jours on galopera sur la poutre fixe et on fera la culbute sur les barres transversales. Parmi les nouveaux, les évasions ne sont pas rares, la régularité de la vie les déroute. Se lever, manger, jouer, travailler, se coucher à des heures invariables, c'est très pénible pour ces natures que le vagabondage a ballottées dans tous les hasards de l'imprévu ; ce qu'ils ont fui, la veille, avec horreur, les sollicite aujourd'hui d'un attrait irrésistible ; c'est un rêve qu'il faut ressaisir ; une porte entrebâillée, ils décampent.

L'équipée ne se prolonge guère, ils reviennent l'oreille basse, la mine déconfite, le ventre creux, ou ils sont ramenés par un sergent de ville qui les a découverts grelottant et pleurant sous une porte cochère. On les sermonne un peu, pas bien fort, et l'on s'empresse de leur donner à manger, avant de les reconduire à la classe ou au catéchisme. « Nul n'est gardé de force à la maison, » c'est là le premier principe de l'abbé Roussel : principe excellent que les élèves n'ignorent pas, et qui les retient près de leur maître mieux que les consignes, les portiers et les grilles. Lorsqu'un enfant a passé seulement six semaines dans l'Orphelinat, il est extrêmement rare qu'il cherche à se sauver. La discipline, du reste, m'a paru fort douce. Je demandais à l'abbé Roussel de me montrer « les arrêts ; » il me rit au nez et me répondit : « Des arrêts ! A quoi bon ? Je n'en ai pas besoin, nous ne sommes pas ici à la Petite-Roquette. » — Bon abbé, je sais plus d'un collégien qui voudrait vous avoir eu pour maître !

Dans la maison d'Auteuil, les récréations sont fréquentes ; l'hygiène s'en trouve bien et l'intelligence en profite. L'abbé Roussel a remarqué ce que bien des pédagogues ignorent ou feignent d'ignorer : la puissance d'attention est très restreinte chez les enfants, surtout lorsqu'elle est retenue sur le même objet. Une heure de classe ou une heure d'étude, c'est à peu près ce que supporte une jeune cervelle : dépasser cette limite, c'est fatiguer l'écolier en pure perte, l'esprit est saturé, il n'accepte plus rien et exige du repos. Or, pour l'enfant, le repos n'est autre que le jeu et le mouvement. Qui ne se souvient des longues heures du collège où, même pour les plus disciplinés, les plus ambitieux de récompenses, les plus ardents au travail, la voix du professeur n'arrivait aux oreilles que comme un bourdonnement indistinct et monotone, sur lequel l'imagination brodait des fantaisies ? Cet inconvénient me semble évité, en partie, pour les élèves de l'abbé Roussel, auxquels la gymnastique permanente et la fréquence des jeux, apportent un délassement intellectuel qui leur permet de prendre le travail avec une attention soutenue. Cette méthode qui consiste à renouveler souvent les récréations, serait bonne pour tous les écoliers, mais pour les pupilles d'Auteuil, elle est indispensable : des enfants qui ont vécu comme des chevreaux en liberté ne peuvent, du jour au lendemain, être doués de qualités de réflexion et de raisonnement que l'éducation la plus judicieuse est parfois incapable de donner. Le milieu dans lequel ils ont grandi, où ils ont développé leurs premiers instincts, leur a fait une nature spéciale qui exige des soins exceptionnels.

Ils arrivent de partout, les pauvres petits. Le vent a enlevé ces mauvaises graines sur des terrains en friche ; il les a portées jusque dans le jardin de l'abbé Roussel, on les y cultive. Paris est le rendez-vous des déshérités de l'univers ; ils viennent y tenter la fortune, qui se montre rétive ; ils se débarrassent de ce qui les gêne, surtout de leurs enfants. L'abbé Roussel le sait bien, lui qui les recueille et qui n'est pas difficile dans ses choix. Il y a des Belges, des Brésiliens, des Nègres, des Russes ; les provinces de France semblent avoir envoyé un spécimen de leurs marmots ; si chacun ne parlait que son patois, ce serait la tour de Babel. Au milieu de cette foule, le Parisien se distingue au premier coup d'œil, « le pâle voyou » qu'a chanté Auguste Barbier, se fait reconnaître ; la bouche est ironique, le regard est impudent, les membres sont grêles, mais agiles ; il a « du son » sur le visage et une manière de hausser les épaules qui dénonce un fond d'imperturbable philosophie. On a essayé de le poétiser, et l'on a eu tort; c'est la fleur du ruisseau, et il en garde le parfum. J'ai examiné ces petites frimousses: beaucoup sont spirituelles, quelques-unes dénotent de l'intelligence; pas une n'est jolie, pas une n'est régulière, plusieurs sont absolument laides et quelques-unes ont été ravagées par la variole. La plupart de ces gamins portent des cicatrices à la tête, souvenir de la vie errante, blessure du vagabondage qui, comme l'image tatouée sur le bras du malfaiteur, constituent une preuve d'identité dont la trace sera persistante. Sous l'influence de l'abbé Roussel, les natures abruptes s'adoucissent et se redressent; quelque chose d'inconnu jusqu'alors, — la tendresse, — les pénètre et les émeut; mais tous ne sont pas immédiatement accessibles aux bons sentiments; ce sont les sauvageons de la pépinière humaine: on a beau les greffer, la puissance agreste subsiste; il faut du temps et de la patience pour leur faire porter de bons fruits.

Quelques enfants ont une raison extraordinaire et donnent des preuves de virilité que l'on n'aurait pas attendues de leur âge. Un ouvrier veuf vivait avec son fils, âgé de douze ans, au fond du vieux Vaugirard; chaque matin le père, au moment de partir pour l'atelier, remettait à son enfant huit sous et lui disait : « Voilà pour ta journée. » Quarante centimes pour subvenir au repas, c'est peu. Le pauvre petit ne savait que faire; il se promenait dans les rues, allait contempler les pêcheurs accroupis sur les quais de la Seine, dormait sur les talus des fortifications, faisait une partie de billes avec des camarades de rencontre, n'apprenait rien, ne savait ni A ni B, s'ennuyait. Le vagabondage le mit en rapport avec un évadé de l'Orphelinat d'Auteuil ; il entendit parler d'un asile où l'on mangeait à sa faim, où l'on était « éduqué », où l'on devenait apprenti. Sa résolution fut subite : il s'en alla trouver l'abbé Roussel et lui dit : « Voulez-vous me prendre ? » Tout de suite on lui fit sa place : il l'a bien occupée et fut de bon exemple. Le père y trouva son compte, un fils de moins et huit sous de plus ; c'est tout bénéfice.

Les enfants qui se présentent d'eux-mêmes et demandent un asile que l'abbé Roussel ne refuse jamais, sont rares. On ne peut s'en étonner ; il est bien difficile qu'un petit être de douze ans comprenne le danger de la vie indisciplinée, la moralité d'une vie laborieuse. « Singes laids et étiolés, a dit Chateaubriand, libertins avant d'avoir le pouvoir de l'être, cruels et pervers, » presque tous ces enfants, abandonnés ou perdus, sont racolés par des vauriens habiles au vol, qui les initient à leurs débauches, les abrutissent d'absinthe, les dépravent et en font leurs « moucherons, » c'est-à-dire des sentinelles avancées, veillant à ce qu'ils ne soient pas surpris pendant l'exécution de leurs méfaits. Souple comme une anguille, rusé, hardi jusqu'à la témérité, le gamin de Paris est un précieux auxiliaire pour les voleurs adultes, qui le recherchent, le choient, excitent sa vanité et le manient, à l'heure du crime, comme un instrument de précision. Quand un enfant s'est mêlé à ces bandes néfastes, quand il s'est enorgueilli de sa première mauvaise action, il fait partie de l'armée de la révolte ; il ne la quittera plus. Pour qu'il aborde au refuge de l'abbé Roussel, il faut qu'il y soit envoyé par un magistrat compatissant qui espère qu'un traitement d'orthopédie morale pourra redresser une nature déjà bossuée par le vice. Beaucoup d'enfants sont dirigés sur l'Orphelinat d'Auteuil par les juges du petit parquet, qui ont à prononcer sur les délits de droit commun, tels que faits de vagabondage, de tapage nocturne ou de gaminerie ayant troublé le repos public. Les archives de l'abbé Roussel gardent les lettres des magistrats qui demandent l'admission d'un enfant. Le nombre en est considérable, et plus d'une serait à citer à l'honneur de ceux qui les ont écrites. Ai-je besoin de dire que la porte de l'Orphelinat est hospitalière, et qu'en pareil cas elle est toujours ouverte ? « Ce diable d'homme, me disait-on, porte préjudice à la Petite-Roquette. » Heureusement, le jour où cette sinistre prison sera détruite pour n'être pas remplacée, il y aura du soulagement au cœur de ceux qui l'ont visitée. Les enfants qui l'ont traversée sont reconnaissables : ils en ont gardé quelque chose de farouche ; ils ressemblent à des loups captifs qui se blotissent au fond de leur cage ; pour eux, l'abbé est le *meg* et Dieu est le *grand dab* ; ils ont appris le langage des chiourmes et il leur faut du temps pour l'oublier. Ils ne sont point nombreux à l'Orphelinat : leurs parents avaient obtenu contre eux, du tribunal de première instance, une ordonnance de correction paternelle ; ils ont séjourné dans les mornes cellules, glaciales en hiver ; on les en a tirés et on les a conduits chez l'abbé Roussel, où rien ne ressemble à la geôle qu'ils ont habitée. Là, sous l'influence des bons traitements, de la gaieté de leurs camarades, des récréations bruyantes et du travail approprié, leur esprit de révolte s'éteint, leur émulation s'éveille et l'ancien petit détenu devient parfois un excellent ouvrier. Ceux-là doivent à l'abbé Roussel une inviolable gratitude ; il les a repêchés du milieu du cloaque, il les a nettoyés, purifiés, outillés, sauvés, il a fermé pour eux la porte des répressions et leur a ouvert celle de la vie honorable : c'est là un acte de paternité active qu'ils feront bien de garder en mémoire.

La préfecture de police, dont l'action est la plus sérieuse, pour ne pas dire la seule sauvegarde de Paris, surveille le vagabondage et, autant qu'il lui est permis par les lois, le refrène et cherche à le diminuer. Elle a des dépôts, — Saint-Denis et Villers-Cotterets, — pour la mendicité impotente et caduque ; elle n'a même pas la maison de correction de la Petite-Roquette, qui ne reçoit que l'enfant condamné en vertu d'un jugement ou renfermé par ordre du tribunal. Elle n'a donc d'autres ressources que de traduire le délinquant devant les magistrats ; elle hésite, car, quoi qu'on en ait dit, elle est très maternelle et, suivant la formule des lettres de grâces, « elle préfère miséricorde à rigueur de loi. » Elle sait bien qu'à moins d'un miracle, l'enfant qu'elle envoie en police correctionnelle et qui de là s'en va à la Petite-Roquette, est un être à jamais perdu pour les bonnes mœurs et pour la probité : elle aussi, à sa manière, elle sauve les âmes, et plus souvent qu'on ne l'imagine. Elle écrit à l'abbé Roussel : « L'enfant a douze ans, il est errant, depuis six semaines, le père est mort, la mère a disparu ; des agents l'ont arrêté hier aux Halles : en voulez-vous ? » L'abbé Roussel répond : « Expédiez-le moi tout de suite. » Et voilà un pensionnaire de plus à l'Orphelinat, un peu ahuri et désorienté pendant les premiers jours, mais surpris de manger régulièrement et de dormir sans crainte d'être réveillé par un sergent de ville. Jamais un enfant si jeune qu'il soit, qui a subi un jugement et a été frappé d'une condamnation, n'est adressé à l'abbé Roussel, car on sait qu'il refusera de le recevoir; sous ce rapport, il est inflexible : il accueille avec empressement le vagabond, le vaurien, l'égaré ; il rejette le voleur, et fait bien. Ce médecin soigne les maladies sporadiques, et ne peut les guérir qu'à la condition d'éloigner les maladies contagieuses.

Les parents, plus avisés que bien d'autres, ne sachant plus comment se rendre maîtres de leurs enfants « obstinés », coureurs et brutaux, les amènent à l'abbé Roussel. Ces enfants-là sont les plus durs à manier et deviennent parfois redoutables. L'existence disciplinée leur pèse ; ils regrettent la maison maternelle et cette liberté qu'ils savent y conquérir pour en faire de la licence et du dévergondage. Quand leurs parents viennent les voir, ils pleurent, ils trépignent, ils veulent quitter l'école qui les « embête ». L'un d'eux disait à sa mère : « Vieille vache ! je te crèverai si tu ne me fais pas sortir de la boîte ! » La mère pleurait : « Ah ! Monsieur l'abbé, ne le renvoyez pas, il est capable de m'assassiner. » L'abbé Roussel ne renvoie jamais ses élèves et, quand il les reconnaît atteints de bestialité, il redouble de soins, parvient à les amollir, à réveiller la vie de leurs sentiments atrophiés et les rend à l'humanité. Quand un évadé revient ou est ramené il lui dit : « Ah ! te voilà, toi, je parie que tu n'as pas déjeuné. Va à la crédence, tu demanderas un morceau de pain et du fromage. » Le lendemain, il l'envoie porter une lettre à la poste d'Auteuil : il n'est pas d'exemple que l'enfant ne soit pas immédiatement rentré à l'Orphelinat après avoir fait la commission. Il en est fier, il dit à l'abbé : « Me voilà. » L'abbé lui tire doucement l'oreille : « Je sais bien que tu es un honnête garçon. » Faire appel aux instincts droits, aux sentiments chevaleresques de l'enfance, c'est bien souvent lui inspirer le respect de soi-même et le goût du devoir.

Les personnes charitables qui, moyennant un capital versé ou un revenu déterminé, ont concouru à la création de l'Orphelinat et y ont « fondé des lits (1) », ont le droit d'y faire élever les enfants qu'elles protègent. Ces enfants sont ordinairement des fils de gens de service morts sans laisser d'économies. Ils sont, en général, bons sujets et semblent avoir reçu de leurs parents une soumission native qui se façonne aisément à la discipline. Leurs bienfaiteurs ne se croient pas quittes avec eux parce qu'ils les ont placés chez l'abbé Roussel; ils les suivent, les encouragent, les font sortir pendant les congés et interviennent souvent, lorsque l'apprentissage est terminé pour les aider à s'établir et rendre productif l'outil qu'on leur a mis en main. Ces provenances diverses que je viens d'énumérer sont comme les sources qui coulent vers la maison d'Auteuil et la remplissent : elle est pleine, car le vagabondage et l'abandon ne chô-

---

(1) Le capital pour la fondation d'un lit à perpétuité est de 8,000 francs qui peuvent être versés en une ou plusieurs fois. — La souscription annuelle pour un lit est de 360 francs. Celle d'une moitié de lit, 180 francs — d'un tiers, 120 francs — d'un quart, 90 francs — d'un sixième, 60 francs — d'un douzième, 30 francs — et d'un vingt-quatrième, 15 francs.

Il est bon de faire remarquer, pour les personnes qui craignent de prendre un engagement de cette sorte, qu'une souscription n'est jamais une dette exigible et par conséquent qu'elle peut cesser à la volonté du donateur ou de la donatrice.

(*Note du Directeur.*)

ment jamais. Cela n'arrête guère l'abbé ; il y a dans son cœur place pour tous les petits qui n'ont pas d'asile. Dans ses courses, il cherche de l'œil les enfants qui peuvent avoir besoin de lui. On crie : « Mouron pour les petits oiseaux ! » L'abbé aperçoit un gamin paraissant avoir de 12 à 13 ans qui (1) glapit d'une voix aigrelette. — « Combien gagnes-tu dans ta journée ? — Cinq ou six sous. — Où est ton père ? — Je ne sais pas. — Où est ta mère ? — Je ne sais pas. — As-tu entendu parler de Dieu ? — ! — Dieu ? connais pas. — Veux-tu faire quatre repas tous les jours, dormir dans un lit, avoir des camarades, apprendre à lire et savoir un métier qui te fera gagner de l'argent ? — Oui. — Donne-moi la main et viens avec moi. » L'abbé rentre à l'Orphelinat avec une nouvelle recrue, le pasteur apporte une brebis de plus au bercail. On est déjà bien serré ; bast ! on se pressera davantage, on trouvera place à la table, place au dortoir, et voilà encore un petit qui sera sauvé ! Sauvé aussi celui que j'ai vu me regardant d'un air narquois pendant qu'il jonglait avec trois balles. On l'a trouvé au milieu d'une troupe de saltimbanques qu'il avait suivie ; à demi-nu, le corps peinturluré, la tête empanachée de plumes, il jouait bien son rôle, mangeait des pigeons crus, avalait des étoupes enflammées, hurlait des vocables inconnus et représentait « le jeune anthropophage des rives de l'Amazone ! »

L'œuvre de salut, entreprise par l'abbé Roussel, est

---

(1). La loi de Novembre 1892 oblige les enfants de demeurer à l'école de 6 à 13 ans. Depuis cette nouvelle loi, l'Œuvre ne peut plus les admettre qu'à 13 ans moins 3 mois, pour les préparer à leur Première Communion et à 13 ans les placer en apprentissage.

(*Note du Directeur.*)

de toutes les minutes, il n'y a jamais failli. Il a en lui quelque chose d'infatigable qui est toujours en quête de labeur. Il faut qu'il aille en avant, poussé par son amour des enfants, par sa pitié pour les jeunes souffrances qui ne sont point un châtiment et dont la responsabilité n'incombe pas à ceux qu'elles atteignent. Instinctivement ces petits comprennent ou du moins devinent le dévouement qui les enveloppe, étaye leur nature chancelante, leur donne le pain du corps et celui de l'esprit, veille pendant qu'ils dorment, jeûne quand ils mangent et s'en va, frappant de porte en porte, pour leur assurer l'indispensable. Aussi ils aiment leur maître ; quand il paraît au milieu d'eux, dans les cours de récréation, ils quittent leurs jeux, s'en approchent, lui prennent la main, l'entourent, se frottent à lui comme de jeunes animaux nouvellement apprivoisés. Ils ont un mot : « Bonjour, papa Roussel ! » qui est un aveu d'affection ; car l'abbé n'a rien du papa, au sens familier du mot, rien de vieux, rien de rebondi, rien de « ganache », tant s'en faut : il est robuste comme un chêne, ses cheveux bruns, son regard bleu, plein d'éclairs de tendresse, son sourire sans banalité, lui gardent plus de jeunesse que son âge ne le comporte. Sa carrure et ses larges épaules me font penser qu'il ne serait point en peine, si on lui lançait un poids de 20 kilos, de le saisir, lui aussi, à la volée, et de le porter à la force du poignet. J'imagine que cette apparence vigoureuse n'est pas sans influence sur le prestige qu'il exerce et que sa bonhomie a fortifié dans le cœur de ses élèves. Il les tutoie tous, vit près d'eux, avec eux, pour eux ; il les mène paternellement, et se moque de ceux qui se plaignent. Si l'un de ses marmots refuse d'avaler sa soupe, sous prétexte qu'elle est mauvaise, l'abbé la prend, la mange, fait claquer sa langue et dit : « Ma foi, je l'ai trouvée fort bonne. » Avec un tel maître, il est difficile de bouder longtemps.

III. — Les Ateliers.

La maison est grande ; elle est neuve et déjà paraît vieille : tant les matériaux dont elle est construite sont

Apprenti Serrurier.

légers, et tant le petit peuple qui l'habite, mû par l'instinct destructeur de l'enfance, la détériore et la souille. Elle est, du reste, en cela semblable à bien des pensionnats de haut renom.

En gravissant les escaliers étroits, en traversant la cuisine, en jetant un coup d'œil aux dortoirs et aux classes, on comprend que l'abbé Roussel, condamné à l'économie forcée, n'a pas été maître de donner à la maison l'ampleur qu'il avait rêvée. Patience ! cela viendra ; le développement d'une Œuvre ne dépend pas de l'exiguïté de son berceau ; elle dépend de son utilité, de son action secourable, du salut dont elle contient le germe qu'elle féconde. Or, l'Œuvre de l'abbé Roussel est indispensable, et elle croîtra parce qu'elle s'impose comme une nécessité sociale. Qu'importe si la chapelle n'a rien de monumental ! On y prie Dieu aussi bien qu'ailleurs. Qu'importe si le réfectoire est obscur, si la classe n'est chauffée que par un poêle en fonte, si l'infirmerie n'a pour préau qu'un toit en zinc. La maison n'en est pas moins aussi hospitalière que féconde : depuis qu'elle existe, elle a recueilli, abrité, nourri, moralisé, dressé au travail plus de 15,000 enfants qui, sans elle, rôderaient aux barrières, ronfleraient sous la table des cabarets, et peut-être habiteraient, malgré eux, Melun ou Clairvaux. C'est là le résultat qu'il faut admirer, sans se soucier s'il a été obtenu dans des maisons en pierre de taille ou sous des murs en torchis.

Le recrutement pour l'Orphelinat se fait, en général, parmi les enfants qui ont atteint leur douzième année, car, à cette heure de la vie, ils ne doivent plus compter que sur eux-mêmes. (1) Ceux que l'Assistance publique avait soutenus jusque là en sont repoussés. « Tu as douze ans, tu t'appartiens ; vis ou meurs, sois probe ou filou, cela ne me regarde plus. » Je n'exagère rien. En

(1) A cause la nouvelle loi, nous ne pouvons plus les admettre qu'à treize ans moins trois mois.

interprétant le décret du 19 janvier 1881, sur les « enfants trouvés, orphelins ou pauvres, » l'Assistance publique a inscrit l'article 19 qui est ainsi conçu : « Les enfants au-dessus de douze ans ne sont plus admis à la charge du budget départemental. » L'abbé Roussel se substitue aux défaillances administratives : ceux dont la société ne veut plus, il les recherche, les trouve et les garde ; pour lui il n'y a pas de limite d'âge, car il n'y a pas de limite de misère. Aux petits il ouvre l'école, aux plus grands l'atelier, à tous l'adoption.

Les enfants travaillent ; dès qu'ils ont reçu une instruction élémentaire et qu'ils ont fait leur Première Communion, ils entrent dans les ateliers. Une vingtaine d'élèves, choisis parmi ceux qui jusqu'à ce jour ont vécu à la campagne, sont employés à ce que l'on nomme un peu emphatiquement l'agriculture : il serait plus exact de dire le jardinage. Un vaste terrain vallonné, séparé des cours de récréation par une barrière en bois, appartient à la maison et a été converti en un jardin que cultivent les écoliers, sous la direction d'ouvriers habiles. Là, on n'impose pas seulement à ces enfants des travaux de manœuvre ; ils font autre chose que de ratisser les allées, de porter les arrosoirs, de relever une plate-bande ou creuser une rigole. On leur enseigne à greffer, à tailler les arbres ; on leur apprend la différence des terres lourdes et des terres légères, à quelles plantes elles conviennent, l'époque des semailles, le choix des espèces et l'art de faire produire sans épuiser. Là, l'ancien vagabond retrouve quelque chose de sa vie en plein air et devient souvent un maître en son métier. Au bout du jardin, à l'extrémité même de la propriété, s'élève un chalet de bonne apparence, en bois bitumé, sur un massif de pierres meulières. J'y suis entré, et j'y ai trouvé la charité au travail. Des Religieuses de l'ordre de l'Enfant-Jésus, attachées à l'Orphelinat, et quelques dames des quartiers voisins, visitent les vêtements, cousent le linge, raccommodent les nippes des élèves et réparent autant que possible ce que la gymnastique, le saut de mouton, la culbute et les coups de poing ont endommagé. C'est le tonneau des Danaïdes ; quand on a pansé les blessures d'un pantalon, il en arrive dix qui sont en loques. Parmi les dons en nature adressés à la maison d'Auteuil, les vieux vêtements ne sont pas dédaignés ; on les rajeunit tant bien que mal, on les réduit à des dimensions convenables, et on en habille les enfants. Ça fait des costumes un peu bigarrés, costumes de jeu, costumes de classe, qui, le dimanche et les jours fériés, sont remplacés par un uniforme.

Vingt cordonniers tirent le fil poissé et ajustent le cuir sur la forme de bois. Ils sont adroits et leur contre-maître en remontrerait à saint Crépin. Les œuvres charitables se soutiennent entre elles ; les Dames du Calvaire sont les clientes de la cordonnerie des Orphelins d'Auteuil et plus d'un bienfaiteur de la maison ne se fournit pas ailleurs ; c'est encore un moyen de protéger les enfants que de ne les point laisser manquer de travail. Quatorze tailleurs, les jambes croisées sur l'établi et le dé au doigt, maniant la courte aiguille, seront peut-être plus tard des « pompiers » recherchés par les coupeurs à la mode ; dix menuisiers marchent au milieu des copeaux frisés ; les plus jeunes rabotent le sapin, les plus âgés ont l'honneur de raboter le chêne ; douze serruriers forgent, liment, assemblent les barreaux des lits en fer et font mouvoir la machine à tarauder. Le maître forgeron avait une barre rouge sur l'enclume, il la martelait et lui donnait la forme ; le petit compagnon — celui qu'on appelle le souffleur ou le cachalot — avait saisi son frappe-devant et à grands coups il battait le fer, qui lançait des étincelles ; du revers de la manche il s'essuya le front, il laissa glisser vers moi le regard orgueilleux d'un enfant qui a bien accompli une tâche au-dessus de ses forces. Quatre cuisiniers épluchent les carottes, pèlent les pommes de terre et surveillent les marmites. Si jamais ceux-là deviennent chefs de Brébant ou de l'hôtel du Louvre, j'en serai surpris : car l'éducation ne les y aura pas destinés. Quatre mouleurs apprennent à modeler la terre glaise, à réparer les « coutures, » et font preuve d'habileté dans la confection des statuettes de sainteté, qui, entre deux bouquets de fleurs, orneront l'autel des petites églises de village ; ils sont peintres aussi et enluminent les Christs, les Vierges et les Saint-Joseph.

***

Le grand atelier de l'Orphelinat d'Auteuil est un établissement considérable. C'est une imprimerie à laquelle sont annexés un atelier de fonderie de caractères et un atelier de brochure-reliure. Dans ces divers travaux, cent vingt-sept enfants sont occupés. « La composition » seule en réclame quarante-cinq. Là, tout est actif et silencieux ; debout devant leur « casse », la « copie » sous les yeux, le composteur en main, les petits typographes « lèvent la lettre » ; le prote les surveille, il est à la fois leur maître et leur professeur. La besogne ne languit pas, et les presses, mises en mouvement par une machine à vapeur, sont servies avec régularité. Les enfants que j'ai regardés travailler ont déjà de l'adresse et de la rapidité dans le geste ; commencé de si bonne heure, à treize ou quatorze ans, l'apprentissage sera fructueux ; il initie celui qui le reçoit à toutes les finesses du métier et lui donne une agilité extraordinaire ; aussi l'on peut assurer, dès à présent, que les ouvriers imprimeurs for-

Apprenti Imprimeur à la pédale.

més à l'école de l'abbé Roussel ne seront point en peine de gagner leur vie. Pour alimenter l'imprimerie et n'avoir jamais de chômage à subir, l'abbé Roussel a créé deux journaux, *La France Illustrée* et *L'Ami des Enfants*; on n'y parle que de moralité, de vertu, on n'y cite que de nobles exemples et on en écarte tout ce qui

— 61 —

n'est pas un appel aux sentiments généreux dont l'enfance peut être virilisée (1).

Si j'ai réussi à faire comprendre de quels métiers se compose l'école professionnelle de l'Orphelinat d'Auteuil, on a vu que ce ne sont que des métiers sérieux, permanents pour ainsi dire, d'utilité constante, et par cela

Apprenti Brocheur.

même assurant le travail à qui les possédera. J'insiste sur ce point, qui est fort important et qui dénonce les intentions dont l'abbé Roussel a été animé lorsqu'il s'est décidé à parfaire des ouvriers et non pas seulement des

(1) « Parmi les journaux illustrés, sérieux et honnêtes, dit le Polybiblion, il faut donner une mention toute spéciale à celui dont M. l'abbé Roussel est le fondateur ; le journal la *France Illustrée* est une des sources mises au service de sa laborieuse entreprise. Mais du mo-

apprentis. Les entrepreneurs de travaux faciles n'ont point manqué de lui adresser des propositions : il les a repoussées; on a essayé de le tenter en lui montrant l'appât des bénéfices à l'aide desquels il pourrait soutenir son œuvre de charité ; il a secoué la tête et a refusé toute combinaison dont l'avenir de ses orphelins n'aurait pas à profiter d'une façon durable et même définitive. De quoi s'agissait-il ? D'assimiler en quelque sorte la maison d'Auteuil à une maison de correction, et d'imposer aux enfants une besogne qui n'a point besoin d'apprentissage, dont l'utilité est illusoire et qui ne peut jamais

ment où M. l'abbé Roussel fondait un journal, il devait y apporter le soin qu'il met à toutes choses ; aussi la *France Illustrée* devait-elle se faire vite une place distinguée au milieu des feuilles périodiques qui l'avaient précédée.

Elle se fait remarquer par l'intérêt de sa rédaction et le choix de ses magnifiques gravures. On y trouve une chronique de la semaine, des articles sur les événements qui préoccupent l'opinion publique, des romans que tout le monde veut lire. La rédaction appartient à des hommes d'un talent reconnu, parmi lesquels des membres de l'Académie française et de hautes notoriétés littéraires. La typographie est des plus soignée ; les apprentis de M. l'abbé Roussel tiennent à honneur de prouver que, par reconnaissance pour leur bienfaiteur, ils deviennent vite d'habiles ouvriers. La *France Illustrée* est un journal que l'on devrait trouver dans tous les salons, dans tous les cercles d'ouvriers, dans tous les parloirs d'institutions catholiques. Cette belle publication qui est à son 39ᵐᵉ volume, paraît le samedi de chaque semaine, par livraison de 20 feuilles grand format, ne contient pas moins de six gravures par les meilleurs artistes, et ces livraisons forment à la fin de chaque année deux magnifiques volumes. »

ÉDITION ORDINAIRE :
Prix de l'abonnement : un an 20 fr. — 6 mois, 11 fr. — 3 mois, 6 fr. — un mois 2 fr. — le numéro 0,50 c. — par la poste, 0,60 c. — Étranger 30 fr.

ÉDITION DE LUXE :
Un an, 30 fr. — 6 mois, 16 fr. — 3 mois, 8 fr. — Étranger 40 fr.

L'*Ami des Enfants ou l'éducation à l'école et dans la famille* est un *charmant recueil* rédigé avec une profonde intelligence des besoins de la jeunesse. — Aucun journal de ce genre ne sait mieux que lui instruire en amusant.

Prix de l'abonnement : un an, 10 fr. — 6 mois, 6 fr. — 3 mois, 3 fr. 50. — le numéro, 0,30 c., à Paris-Auteuil, 40, rue La Fontaine ; à l'agence de l'Œuvre, 15, rue Férou, près Saint-Sulpice, et chez tous les libraires.

être un gagne-pain assuré. En moins de huit jours un enfant devient habile à la fabrication des chainettes, des éventails en papier, des boites en carton, à l'assemblage des cahiers d'écolier, à la reliure des calepins, à la frappe des boutons de cuivre ; on le sait bien à la Petite-Roquette, où les jeunes détenus sont employés à ces bibelots; mais les jeunes détenus savent aussi que ce n'est point là un état qui pourvoit aux nécessités de la vie; et plus d'un de ces malheureux, qui a passé deux ou trois ans à coudre ensemble des feuilles de papier ou à boucler des fils de laiton, en est réduit à se faire terrassier ou coltineur pour ne point mourir de faim. En recueillant le vagabond, en lui donnant de l'instruction, en le ramenant à la dignité d'homme dont il s'écartait, l'abbé Roussel acceptait charge d'âmes. Il n'a pas répudié le fardeau, et le porte avec vaillance. Il négligea son intérêt, n'eut en vue que celui de ses pupilles et, au risque de ce qui pourrait advenir, ne voulut introduire dans sa maison que des métiers graves, dont l'apprentissage est lent, mais dont l'exercice et la rémunération n'offrent pas trop d'aléa. Le résultat était facile à prévoir et avait été prévu; on s'est fié à la charité humaine : la charité n'a point été sourde, elle a répondu. Les ateliers coûtent plus qu'ils ne rapportent : j'entends ceci au sens matériel du mot, car au sens moral le bénéfice est inappréciable.

Dans le monde où l'abbé Roussel ramasse ses élèves, la bienveillance ne paraît pas être la vertu dominante ; dans ces cœurs que la paresse, l'ivrognerie ou des circonstances néfastes ont souvent fait souffrir, il y a un fond d'ennui extravasé qui fermente et bouillonne. Pour certains écoliers et surtout pour certains parents, il est admis que l'abbé Roussel tire bénéfice du travail des enfants. On connaît le thème : exploitation de l'homme par l'homme, tyrannie du capital, le tout assaisonné de quelque sueur du peuple.

Tel individu dont le fils a été recueilli par la charité, s'en va répétant ces vieilles sornettes et affirme qu'à l'Orphelinat des apprentis, les maîtres font fortune en accaparant le produit du travail des élèves. Il est puéril, je le sais, de rétorquer de telles balivernes, il est superflu, je le sais encore, de s'imaginer qu'on fera taire la calomnie ; mais la vérité est toujours bonne à dire, et je la dirai. J'ai vérifié la comptabilité de la maison d'Auteuil et j'en pourrais communiquer les chiffres aux lecteurs, atelier par atelier ; ce serait fastidieux : un total d'ensemble suffira. En 1882, les ateliers, y compris la *France Illustrée* et *l'Ami des Enfants*, ont coûté 29,651 fr. 75 ; ils ont rapporté 27,294 fr. 60 ; perte sèche : 2,357 fr. 15. C'est là le bénéfice ordinaire de la charité. Sans la bienfaisance qui l'a secouru et qui le secourt, l'Orphelinat d'Auteuil se verrait contraint, par ministère d'huissier de fermer ses portes, et de rendre à la rue le vagabondage qu'elle en a arraché. La proposition n'a rien d'excessif, il est aisé d'en faire la preuve. Les dépenses totales pour l'année 1882 ont été de 211,752 fr. 50, qui ont pourvu à l'habillement, à la subsistance, à l'instruction de trois cents enfants (1). Chacun d'eux exige une dépense quotidienne de 1 fr. 77, qui s'élève à 1 fr. 95, si on y ajoute les frais d'entretien de la Maison. En résumé, l'on peut dire que les produits

---

(1) Aujourd'hui les enfants étant beaucoup plus nombreux, la dépense a presque triplé.

(*Note du Directeur*. 4 Décembre 1894.)

des ateliers suffisent à peine à couvrir la main-d'œuvre des ouvriers chargés de l'éducation professionnelle des apprentis.

Pour arriver à ne dépenser par jour et par élève que 1 fr. 77, il faut des prodiges d'économie ; il faut, comme tant d'autres œuvres charitables, tirer parti de tout : des vieux vêtements que la commisération envoie, des couvertures qu'elle donne, du linge « fatigué » qu'elle expédie. Tout est calculé pour ne point dépasser un budget sévèrement établi et dont l'équilibre serait rompu par la plus légère imprévoyance : une dépense de 0 fr. 05 par jour et par élève, qu'est-ce que cela ? Nous en sourions ; au bout de l'année on se trouverait en présence d'un déficit de plus de 110,000 francs, et peut-être n'arriverait-on pas à le combler. En été, à l'époque des grandes chaleurs, la dépense est tout-à-coup augmentée dans des proportions redoutables : il faut mener les enfants aux bains froids ; cet exercice est pour eux le plus apprécié et le plus salubre de tous ; on a obtenu une réduction notable, on y va à moitié prix : 0 fr. 10 par écolier, trois fois par semaine ; quand arrive l'automne, on s'aperçoit que le plaisir de la natation coûte cher, mais on ne le regrette pas; car on sait que la santé des enfants en a profité ; on se contente de redoubler de parcimonie. Autrefois, le jeudi et le dimanche, on servait du dessert sur la table : on y a renoncé, c'est trop coûteux et pas assez nourrissant. Je crois cependant qu'en certaines circonstances solennelles, on ne recule pas devant quelques confitures ; du moins, j'ai vu dans la cour une voiture chargée de pots de raisiné. Malgré les « fondations de lits » — 35,000 francs, — malgré le produit de la pension des enfants de l'École professionnelle ou enfants écoliers, les 200 de la Première Communion sont toujours reçus gratuitement, — 24,600 francs, — la Maison d'Auteuil a eu, en 1882, un excédent de dépenses de 87,183 fr. 50, qui a été couvert par le produit des dons, des quêtes, des sermons et des ventes de charité. Il est bien placé l'argent qui préserve les enfants et fait des hommes.

J'ai dit que l'abbé Roussel, depuis que son Œuvre a pris naissance, avait recueilli, réconforté, guidé plus de 8,000 enfants (1) ; les a-t-il tous sauvés, au sens absolu du mot ? Non ; mais on peut affirmer, sans crainte d'être démenti par les faits, que sur 100 enfants qui ont séjourné à l'Orphelinat et y ont terminé leur apprentissage, 80 resteront dans la voie de la probité. Tous, certainement, ne conserveront point intactes leurs croyances religieuses, tous n'iront pas à la messe, le dimanche, et ne feront point leur prière le soir avant de se coucher ; mais ils ne demanderont qu'au travail le droit de vivre, ils aimeront le métier qu'on leur a enseigné, ils n'insulteront pas le prêtre qui passe dans la rue, le commissaire de police ne connaîtra pas leur nom.

Quatre-vingts pour cent, c'est énorme ; et cette proportion serait plus considérable encore, si, comme son titre l'indique, l'Orphelinat d'Auteuil ne recevait que des orphelins. Quelques-uns n'ont plus de famille : la mort a tout emporté, ils sont seuls dans la vie et n'ont plus à s'appuyer que sur eux-mêmes ; d'autres sont orphelins aussi, orphelins par la volonté du père et de la mère, qui ont poussé l'enfant dehors et versent au cabaret l'argent qu'eût exigé son éducation ; ces orphelins-là

---

(1) A la fin de 1894, le nombre des enfants recueillis par l'Œuvre dépassait 15.000.

ont des parents que la police ramasse souvent dans le ruisseau, l'absinthe a noyé le sentiment paternel et empoisonné la maternité. Ces orphelins du fait de la nature ou de l'abandon sont les plus flexibles, et entrent, sans trop exiger d'efforts, dans une régularité qui ne

Apprentis Tailleurs.

déviera pas. Il n'en est pas de même pour les enfants qui restent en relations avec leurs parents, car l'influence que la famille exerce sur eux est presque toujours mauvaise et souvent néfaste. Pour ces gens d'existence dissolue, comptant sur le hasard, — sur la rencontre, comme ils disent, — bien plus que sur le travail, l'enfant est un instrument qu'ils mettent en œuvre pour s'augmenter un peu. Ils ont un mot qui les peint et découvre les difficultés contre lesquelles l'abbé Roussel est obligé de lutter : « Il faut que le petit rapporte ! » Or, quand il est à la Maison d'Auteuil, apprenant son catéchisme et faisant son apprentissage, « le petit ne rapporte pas ». Comment « rapporter ? » En exerçant un de ces métiers interlopes où le gamin de Paris excelle, en enlevant le porte-monnaie des badauds, en allant voler chez l'épicier la bouteille d'eau-de-vie que son père voudrait boire sans la payer, et dont il aura sa part. Dans l'asile de la rue Lecourbe, chez les Frères de Saint-Jean de Dieu, il faut parfois résister aux parents qui veulent prendre leur enfant difforme afin de l'envoyer mendier et de tirer parti de son infirmité. Avoir un enfant, le contraindre à quémander en pleurnichant dans les rues, lui imposer une redevance quotidienne, c'est, pour plus d'un parent, exercer une industrie. La plupart des petits mendiants qui nous harcèlent au long des trottoirs sont des « soutiens de famille », dans la poche desquels rien ne reste de ce qu'ils ont récolté. J'ai entendu le dialogue suivant, au cours d'un interrogatoire en police correctionnelle : « Quels sont vos moyens d'existence ? — J'ai mon petit qui est bancroche : on lui donne sur le boulevard ; il fait quelquefois de bonnes journées. »

A l'Orphelinat d'Auteuil, il est nécessaire de ne pas laisser sortir l'enfant que son père attend pour l'associer à ses méfaits, que la mère guette pour en faire un marmiton auquel elle apprendra à voler dans les cuisines, de la nourriture d'abord et bientôt après des couverts d'argenterie. Dans cette maison de si large hospitalité pour les enfants, il se passe le contraire de ce qui se produit dans les pensionnats où sont élevés les fils de parents honnêtes. Là, dans ces grands instituts d'enseignement, le maître, proviseur ou professeur, est presque toujours certain, même lorsqu'il a tort, de trouver un appui dans la famille qui, par les conseils et les remontrances, l'aide à accomplir sa tâche, parfois difficile. Dans les établissements de redressement moral, alors que l'on s'évertue de transmettre à l'enfant des principes de probité, l'ennemi du maître, son adversaire le plus redoutable, c'est la famille, qui, le plus souvent, est sans foi ni loi, ne croit ni à Dieu, ni à la justice, ne redoute que le gendarme et sait l'éviter. Il suffit que l'enfant sorte une fois pour que le travail de la moralisation entreprise, le bénéfice de résistance déjà acquis, s'écroule ou s'envole devant les exemples qu'il a sous les yeux. L'enfant arrive à la maison paternelle : Ah! puisque voilà le petit, on dit le gosse ou le môme, nous allons « gouaper » un peu, et on « gouape ; » on va au cabaret, dans les plus infimes, on y retrouve « les amis : » quels amis ! On y retrouve même « les amies », ce qui est pire ; on boit, on force l'enfant à boire ; on trouve amusant de développer chez lui des précocités ordurières ; le père s'enorgueillit et dit : « Ce sera un gaillard ! » L'enfant est ivre, on le ramène à l'Orphelinat ; et si l'on adresse une observation au père, celui-ci répond : « De quoi se plaint-on ? N'avait-il pas congé ? Fallait-il pas rigoler un peu ? » Essayer de faire comprendre à ces gens-là l'espèce de crime qu'ils commettent, c'est peine perdue : aussi on y a renoncé depuis longtemps ; et l'on se contente autant que possible, de parquer l'enfant loin de sa famille, c'est-à-dire loin du foyer d'infection où il désagrège ses bons instincts et développe ses mauvais penchants. J'ai vu récemment la concierge de l'Orphelinat refuser l'entrée à une mère ivre, qui demandait à voir son fils.

Comprend-on maintenant la bataille que l'abbé Roussel est obligé de soutenir contre les habitudes viciées, sinon vicieuses, du petit vagabond qu'il recueille contre les parents qui détruisent, sans paraître s'en rendre compte, les bons résultats que la discipline et le vie régulière ont obtenus ? Entre l'enfant qui ne sort jamais ou qui ne sort que chez ses bienfaiteurs, et l'enfant qui, de temps à autre, va passer une journée dans sa famille, la différence est éclatante. On peut parier presque à coup sûr que l'un sera ouvrier, et que l'autre s'en ira tôt ou tard fabriquer des chaussons de lisières à Poissy ou ailleurs. L'amour paternel est heureusement sans exigence chez les natures de cette sorte ; et l'auteur de l'enquête que j'ai déjà citée, parlant de l'Œuvre de l'abbé Roussel, a pu noter que les rapports avec les parents sont « très rares » (1). Il y a là une question délicate hérissée de difficultés, car elle touche à ce qu'il y a de plus sacré dans la société moderne, aux droits de père de famille. Cependant, si l'on consulte les directeurs ou les directrices d'asiles ouverts aux enfants, garçons ou filles, il n'en est pas un, il n'en est pas une qui ne sache par expérience que leurs efforts d'amélioration sont neutralisés par l'influence des parents. Tous réclament l'action d'une loi nouvelle qui les investirait d'un droit que le père et la mère sont indignes d'exercer, car ils ne l'exercent qu'au détriment de l'enfant. Les plaintes et les désirs de ces

---

(1) Enquête, etc., *loc. cit.*, p. 648.

bienfaiteurs de l'enfance abandonnée et pervertie semblent avoir été résumés par la Société des agriculteurs de France, qui, dans son assemblée générale du 5 février 1880, a émis le vœu « qu'une loi permette : 1° de dessaisir de la puissance paternelle, au moins jusqu'à la

Apprenti Cordonnier.

majorité des enfants, les parents qui les délaissent ou qui sont reconnus incapables de pourvoir à leur éducation intellectuelle et morale ; de conférer l'exercice de la puissance paternelle aux œuvres de bienfaisance qui recueilleront ces enfants physiquement ou moralement délaissés. » (1) Ceci est explicite ; comme dans certains

(1) Enquête, *loc. cit.*, Rapports, p. CLXXXVII. — Une loi sur la protection de l'enfance est actuellement en délibération. (1881).

cas pathologiques, la seule indication du remède dénonce la gravité du mal. Le vœu formulé par la Société des agriculteurs sera-t-il pris en considération ? Je l'ignore. Doit-il être exaucé ? Je ne sais. Toucher aux droits paternels, c'est bien grave, surtout à une époque où la passion antireligieuse ne recule guère. Si la loi réclamée était votée, il faudrait l'entourer de toutes ses restrictions, afin qu'elle ne devînt pas une arme de persécution et d'immoralité entre les mains de ceux qui, sous prétexte d'être libres penseurs, s'opposent à l'expression de la pensée libre.

L'abbé Roussel a-t-il désiré d'être légalement armé de ce pouvoir paternel, qu'il remplace à force de bonté et en inspirant confiance aux enfants qu'il dirige ? On peut douter qu'une disposition légale accroisse la somme de ces résultats, déjà considérables, qu'il récolte. Il n'est pas homme, du reste, à broncher devant les insolences d'un ivrogne, et je ne le crois pas embarrassé pour mettre un père récalcitrant à la porte. Ses préoccupations sont peut-être d'un autre ordre ; il a beaucoup fait déjà, il voudrait faire plus encore : mieux que personne, il connaît le vagabondage de Paris ; il sait qu'il se multiplie, qu'il pullule, qu'il déborde dans nos rues, qu'il envahit les promenades, qu'il constitue une sorte de réserve, où le vol et l'émeute se recrutent avec prédilection ; il voudrait donner un lit dans ses dortoirs à tous les petits qui couchent sous le ciel ; il voudrait offrir une écuellée de soupe à tous ceux qui fouillent les tas d'ordures ou volent des pommes à l'étalage des fruitiers. Quand il regarde les bâtiments déjà fatigués où il instruit ses pupilles, il se dit avec douleur que nulle place ne reste pour caser un nouvel orphelin et que, malgré des prodiges de parcimonie, il ne peut arriver à mettre son budget en équilibre. Il fait œuvre de salut plus que nul autre cependant; mais il ne ressemble pas au roi de la fable, et ce qu'il touche ne se change pas en or. Il me semble que les mères de famille, celles dont les enfants proprets, vigoureux et sages font la joie,

Fanfare de l'Ecole professionnelle. (1)

devraient penser aux petits abandonnés que le vice et la misère saisiront à jamais, si le bon abbé Roussel ne leur ouvre pas ses bras. Dans les jours de distribution de prix, au concours général, au lycée, au pensionnat, lorsqu'une mère ramène orgueilleusement son fils, frisé pour la circonstance, brillant de santé, rouge encore

(1) Cette fanfare, de création récente et dirigée par un ancien Elève, a déjà rendu beaucoup de services à l'Œuvre et à diverses fêtes religieuses.

des accolades de son proviseur, portant ses couronnes au bras, pliant sous le faix des volumes reliés en basane, proclamé au bruit de l'orchestre, aux applaudissements de ses camarades ; qu'elle songe aux pauvres petits déguenillés qui ont traversé la vie pieds nus, souffert de la faim et du froid, que leur père a battus, que leur mère a chassés et qui ont été tomber à l'Orphelinat d'Auteuil, hâves, pitoyables et pleurants. Qu'elle compte les prix que son fils a mérités et dont son cœur a tremblé d'émotion ; pour chacun d'eux, qu'elle envoie une offrande, — une aumône, — à la maison généreuse où l'enfance éperdue s'est réfugiée. La gloire se paye ; il n'en est pas de plus douce que celle qui vibre aux âmes maternelles ; celle-là est assez pure pour donner la main à la charité, pour éveiller la commisération : c'est la dîme du succès ; l'enfant malheureux en profitera.

Parmi les élèves de l'Abbé Roussel, il y a des ouvriers qui sont intelligents, économes, sobres et qui deviendront patrons. Lorsqu'ils auront fait fortune à l'aide des vertus qu'on leur a enseignées, qu'ils n'oublient pas l'asile où ils ont trouvé un abri, l'exemple de la probité et le souci du travail ; qu'ils se souviennent des heures errantes de la première enfance, qu'ils réfléchissent que d'autres sont comme ils ont été, sans pain, sans matelas, sans souliers, et qu'ils donnent à la Maison où ils ont appris à devenir honnêtes, une partie de l'argent que, sans elle, ils n'auraient jamais gagné. Alors l'Orphelinat que nous voyons aujourd'hui sera transformé : semblable à la mansarde de Jeanne Jugan, à la masure de la rue Léonie, où les Dames du Calvaire ont pansé à Paris leurs premières cancérées, à la maisonnette de la rue Lecourbe, où les Frères de Saint-Jean de Dieu ont reçu leurs premiers petits incurables ; ce n'aura été qu'un germe déposé dans le terrain fertile de la charité. Alors la maison se développera et acquerra l'ampleur qui lui est indispensable pour faire face à la plus impérieuse des nécessités sociales : à la protection et à la moralisation de l'enfance. Les pans de bois seront abattus, les légè-

Apprenti Horloger.

res cloisons s'en iront dans le tombereau des gravatiers ; la pierre de taille, la brique, le fer seront les matériaux des constructions nouvelles qui pourront s'élever sur place, car l'enclos est vaste où on peut les élever. La Maison deviendra ce qu'elle doit être, ce qu'elle sera : un refuge où mille vagabonds trouveront des classes élémentaires et une école professionnelle qui enseignera le respect de soi-même, le travail et la bienfaisance.

Est-ce un rêve ? Non pas: l'Orphelinat compte bientôt vingt-huit années d'existence, c'est à peine s'il vient de naître, et ses preuves ne sont plus à faire : par les services qu'il a déjà rendus, il est facile de prévoir les services qu'il est appelé à rendre. Des œuvres auxquelles on ne peut contester le caractère d'utilité publique et qui ont été également inspirées par le désir d'arracher des enfants à la dépravation et à la mendicité, ont eu des commencements plus modestes. L'institut des sourds-muets essaie ses premiers gestes dans la chambre d'une maison sise rue des Moulins, n° 15, et le premier élève de la future institution des Jeunes-Aveugles, François Lesueur, est un enfant de seize ans qui mendie au porche de Saint-Germain des Prés. Aujourd'hui l'abbé de l'Epée et Valentin Haüy ont des statues dressées au seuil des établissements dont leur initiative a provoqué la création. Qui oserait dire que l'œuvre de l'abbé Roussel n'est pas égale à celle de l'abbé de l'Epée, à celle de Valentin Haüy ? Infirmité physique, infirmité morale, c'est tout un ; lorsqu'un enfant en est atteint, il est perdu. Celui qui donne la parole aux muets, la vue aux aveugles, la probité aux vicieux, accomplit des prodiges de bienfaisance dont l'humanité garde bonne gratitude et que la charité a le devoir d'aider de toute sa puissance.

MAXIME DU CAMP.

ORPHELINAT AGRICOLE DU FLEIX

Façade Sud

Façade Nord

APPENDICE

LES SUCCURSALES D'AUTEUIL

I. — L'Orphelinat agricole.

Notre Œuvre d'Auteuil a *deux succursales* qui lui permettent aujourd'hui d'étendre le bien qu'elle fait *aux enfants de la campagne et aux jeunes filles* pauvres et abandonnées. — La première, établie au *Fleix*, dans cette partie de la Dordogne qui touche à la fois le Bordelais, l'Angoumois et la Saintonge, c'est-à-dire en plein pays vignoble, est destinée à former les enfants à l'agriculture. C'est l'Œuvre d'Auteuil appliquée aux enfants de la campagne. S'il est utile de donner aux villes de bons et honnêtes ouvriers, il ne l'est pas moins de conserver à la culture les bras qui lui sont plus nécessaires que jamais, d'attacher les enfants à leur sol natal et de les élever pour en faire de bons agriculteurs. Une longue expérience nous a prouvé jusqu'à l'évidence que c'était peine perdue, et le plus souvent un danger, de vouloir transporter les enfants des villes à la campagne pour en faire des cultivateurs. Ils y demeurent par contrainte, s'y ennuient, n'apprennent rien, et reviennent comme l'oiseau à son nid, pour former cette armée de désœuvrés, vivant d'aventures, au jour le jour, et n'aspirant qu'après l'émeute et le désordre. Il n'en est pas de même de l'ouvrier chrétien et laborieux, qui ne demande qu'au travail son bien-être et celui de sa famille ; celui-là on ne le verra jamais pactiser avec les ennemis de la paix et de la société. Quand ces jours néfastes, qui se nomment la Commune, se sont levés sur Paris, nous avions déjà formé plusieurs centaines d'enfants qui étaient d'âge à servir leur pays; quinze au moins, à notre connaissance, sont morts ou ont été blessés en le défendant ; il ne s'en est pas trouvé un seul des nôtres, que nous sachions, dans l'armée du désordre.

En acceptant, en 1879, la propriété qui nous était offerte dans la Dordogne pour y fonder un Orphelinat agricole et professionnel, nous ne nous sommes pas dissimulé les difficultés et les charges nouvelles que nous allions assumer. Car malgré le désintéressement du donateur, il ne pouvait faire que sa propriété vignoble, ravagée depuis plusieurs années par le phylloxera, fût productive ; elle ne pouvait le devenir que par une bonne culture, un travail opiniâtre et des sacrifices. — Dieu voulait sans doute que là, comme à Auteuil, nous fussions contraints de manger notre pain à la sueur de notre front. — Ces difficultés ne nous ont point arrêté, tant notre désir était grand de procurer à notre pays ces deux avantages : rendre à la vie des champs les malheureux enfants qui en ont été arrachés encore jeunes, par des parents imprudents: (et le nombre en est grand aujourd'hui), qui désertent la compagne pour la ville. Ils espèrent y trouver le plaisir et le bien-être et n'y rencontrent le plus souvent que la misère, la maladie et la mort ; — mais leurs pauvres enfants restent et nous sont amenés. — Ceux-là, on le conçoit, ne peuvent pas aimer la ville ; ils y ont trop souffert, ils n'aspirent qu'à la quitter, à revoir leurs champs, leurs prairies, leurs forêts et en respirer le bon air. — Ce serait une faute et presque un crime, selon nous, de ne pas chercher à rendre cet orphelin au sol qui est comme son berceau, et à la terre un cœur pour l'aimer et des bras pour la cultiver. Ce sont ces enfants et ceux du pays, qui peuplent notre Orphelinat du Fleix ; il a pour Directeur un de nos prêtres, un instituteur, deux

surveillants de notre Maison d'Auteuil et trois de nos religieuses pour la cuisine, la lingerie et l'infirmerie.

Nous allons plusieurs fois dans l'année visiter le Fleix. C'est une grande joie pour nous de voir la bonne volonté, la docilité et presque toujours la bonne mine et la santé de ces chers enfants ; ils partent avec bonheur à leur travail, on sent qu'ils l'aiment et qu'il leur plaît. Nous avons vu des enfants de quinze ans à peine, conduire la charrue comme des hommes. Ils fauchent les foins et font eux-mêmes presque tous les travaux. Rien là qui puisse offenser leurs regards, blesser leurs oreilles et altérer en quoi que ce soit la beauté des jeunes âmes. Il n'y a ni sorties, ni visites de parents, ni lectures, ni images dangereuses à redouter; l'emploi du temps est réglé de façon à ne pas laisser la plus petite place à l'oisiveté et à l'ennui. L'hiver, les matinées, comme les soirées, étant plus lon-

gues et les soins à donner à la culture moins urgents, nos enfants assistent à la messe tous les jours, leurs classes sont prolongées; dès qu'il fait jour, chacun s'en va à l'emploi qui lui est assigné. Tous passent à tour de rôle un certain temps à la basse-cour pour apprendre à soigner les différentes sortes d'animaux qui s'y trouvent, à ateler et conduire les chevaux et les bœufs. Tous vont aussi aux champs, dans les bois et au jardin pour y apprendre toutes les cultures et le jardinage. — L'été ils se lèvent de grand matin et vont à leur travail, mais ils en reviennent à dix heures et n'y retournent qu'à deux heures de façon à leur épargner les fatigues occasionnées par les chaleurs insupportables de ces contrées ; aussi les voit-on partir avec bonheur et empressement. — Pour mettre plus d'ordre et d'entrain, le départ se fait deux par deux, avec clairon et tambour en tête. C'est à l'époque où ce pauvre *lapin* a été, comme quelques-uns de nos enfants, chassé de sa famille, exilé du milieu des siens qu'il avait tant de fois menés à la bataille et souvent à la victoire, que nous avons recueilli cet orphelin d'un nouveau genre. Inutile de dire que le tambourineur n'a pas été difficile à trouver : il y a peu d'enfants en France, croyons-nous, qui n'aiment à taper cette peau sonore et ne sachent bientôt s'en servir. — Le dimanche surtout, après les offices, les longues récréations, les leçons de gymnastique et le catéchisme, on part pour la promenade ; cette petite troupe d'enfants disciplinés, portant un uniforme et coiffés du gracieux béret montagnard, s'éloigne au pas militaire et au son des tambours et des clairons, ayant pour guide un ancien soldat et pour compagnon le chien de la maison, le fidèle Médor, qui ne manque jamais d'être de la partie et de faire comprendre de la voix et des gestes quel est son bonheur et sa joie. — On nous a assuré que dans le pays on admirait la politesse et la bonne tenue de nos enfants. C'est donc avec raison que nous disions en commençant : les deux Œuvres d'Auteuil et du Fleix sont comme deux sœurs jumelles qui se ressemblent ; la première élève des ouvriers pour les villes, la deuxième en donne à la campagne.

L. R.

11. — Œuvre des enfants pauvres pour Jeunes Filles

La seconde succursale de l'Œuvre d'Auteuil est située à Billancourt (Seine), rue du Vieux-Pont-de-Sèvres, 158. — Elle est de création presque toute récente puisqu'elle

LA PETITE ABANDONNÉE.

ne date que du mois d'octobre 1883. — C'est l'Œuvre d'Auteuil pour l'éducation et l'apprentissage *des jeunes filles* pauvres, orphelines ou abandonnées. — La direction a été confiée aux Religieuses de l'Enfant-Jésus qui prodiguent leurs soins à ces enfants privées de mère et de tout bien terrestre.

Cette Œuvre n'a pas été sitôt connue et la Maison ouverte que les demandes nous sont arrivées de tous côtés comme à Auteuil. — Telle appartenait à des parents pauvres et chargés d'une nombreuse famille ; pendant que ces braves gens allaient gagner le pain de

chaque jour, Joséphine, l'aînée, gardait les deux petites sœurs et son jeune frère ; à 14 ans c'était déjà une femme de ménage ; mais la pauvre enfant ne sait ni lire ni écrire et n'a pas fait sa Première Communion ; on n'a pu s'occuper d'elle que lorsqu'une de ses sœurs a pu prendre sa place, ses parents nous l'ont amenée un dimanche, c'est une des premières que nous ayons acceptées ; elle sera peut-être difficile à instruire à cause de son âge, mais sa bonne volonté y suppléera ; une longue expérience nous a démontré que ces sortes d'enfants faisaient une excellente Première Communion ; c'est également le bois, comme on dit, dont se font les bonnes domestiques et les bonnes à tout faire, si appréciées des familles, aujourd'hui plus que jamais, si difficiles à trouver.

Une pauvre femme venait de mourir à Boulogne, elle laissait orphelins une fille de quinze ans, une autre de onze et un petit garçon de neuf ans ; l'Œuvre de l'adoption a pris ce dernier et nous avons adopté les deux autres qui s'instruisent et se préparent, à l'abri de la misère et du danger, à leur Première Communion. — Une autre enfin venait de perdre son père qu'elle avait soigné — à treize ans et demi — comme l'eût fait sa mère : elle est restée seule au monde avec un misérable mobilier, insuffisant pour payer les dettes contractées pendant la maladie; c'est une voisine aussi pauvre qu'elle qui nous l'a amenée, on ne lui connaît ni parrain ni marraine ; on a de fortes raisons de croire qu'elle n'est pas baptisée.

Ces chères enfants sont déjà au nombre de plus de soixante. Quelques-unes seulement ont été adoptées par de généreuses bienfaitrices, qui se chargent de leur pension (400 francs par an). Les autres sont à notre charge, s'instruisent et prient en attendant que quelques personnes charitables les adoptent comme les premières ; il y a tant de familles chrétiennes qui estiment avec raison les prières de ces pauvres du Bon Dieu, qu'elles voudront, nous en avons la confiance, faire cet échange qui ne peut être qu'à leur avantage.

Est-il besoin de dire que, dans cette nouvelle maison, comme dans celle d'Auteuil, on s'efforcera de mener de pair l'instruction et le travail ? faisant en sorte que l'un soit pour ainsi dire le délassement de l'autre, car notre but, nous l'avouons sans peine, est d'élever de bonnes petites travailleuses d'abord, et pour cela, de les appliquer à tous les soins de la maison pour en faire dans la suite d'honnêtes femmes de ménage, et non des femmes savantes. Toutes sont appliquées à tour de rôle, et selon les besoins, à tous les travaux qu'une enfant de leur condition doit savoir : en dehors de l'instruction primaire et religieuse, c'est la cuisine, la basse-cour, le raccommodage, la couture, le blanchissage du linge, en un mot, le ménage dans tout son ensemble et ses mille détails.

Ce qui vient d'être dit de nos trois Œuvres d'*Auteuil*, du *Fleix* et de *Billancourt* prouve jusqu'à l'évidence leur utilité et leur nécessité. — Ce serait, si nous étions suffisamment compris et aidés, la régénération des familles et leur bonheur, le salut de la société et son avenir. — C'est une grande et belle chose, puisque c'est une œuvre divine dont nous pouvons devenir les coopérateurs.

L'ABBÉ ROUSSEL,

FONDATEUR

40, *rue La Fontaine, Paris-Auteuil.*

Pour tout ce qui concerne cette Œuvre des jeunes filles de l'Orphelinat de Billancourt, écrire à Ma Sœur Marie, Supérieure, 158, rue du Vieux-Pont-de-Sèvres, à Billancourt (Seine).

MOYENS DE TRANSPORT. 1° Tramways du Louvre à Sèvres et Versailles (descendre à l'entrée du pont). — 2° Bateaux à vapeur (Saint-Cloud-Suresnes) et chemin de fer des Moulineaux, descendre au pont de Sèvres et le traverser. — 3° Chemin de fer de Ceinture, descendre à la station du Point-du-Jour, et prendre le tramway de Sèvres ou Versailles. — Chemin de fer de Montparnasse, descendre à Bellevue, et prendre le funiculaire pour gagner le au Bas-Meudon.

UNE PAGE ÉLOQUENTE

DISCOURS
PRONONCÉ LE JOUR DE LA FÊTE DE L'ASCENSION
PAR LE R. P. DULONG DE ROSNAY

Mes Frères,

L'attitude des Apôtres, au moment où leur Maître divin disparut dans les cieux, rappelle l'attitude de l'humanité tout entière à l'égard de Dieu. Un nuage épais cache à nos regards affaiblis ce terme des aspirations de nos âmes et de nos destinées. Soit que l'âme coupable ait elle-même posé cet obstacle entre elle et Dieu ; soit que Dieu, par un dessein mystérieux, lui dissimule sa beauté et ne lui fasse pas sentir le contact de sa nature, il en résulte néanmoins que l'homme cherche Dieu et l'appelle. C'est une exigence, c'est une loi constitutive de son être. Je veux Dieu ! Si les heures de ma vie deviennent sombres, ce qui fait le fond de mon ennui et de ma tristesse, c'est que je ne vois pas Dieu. Et aux jours heureux de l'existence, si un rayon de lumière et de joie me fait tressaillir, c'est qu'il part du regard de Dieu pour pénétrer dans mon âme. Ainsi, que je m'afflige ou que je me réjouisse ; que je verse des larmes déchirantes ou brûlantes, ou que je pleure des larmes de joie, c'est toujours Dieu qui s'impose à mon âme, Dieu qui fait le fond de ma nature, Dieu, la patrie de mon être. Je remue, je m'agite, dit saint Thomas d'Aquin, mais quand je marche ainsi dans la vie, quand je me tourne sur le lit de mes douleurs, c'est Dieu que je réclame et c'est à Dieu que je veux arriver. Lorsque mes entrailles sont brûlées, desséchées par cette soif qui n'est jamais suffisamment calmée ici-bas, c'est lui qui se plaint au fond de mon cœur tourmenté, c'est lui que j'appelle de tous les points de mon être et de toutes les molécules de mon sang.

Il en est, ce me semble, de Dieu et du cœur humain comme de ces sentiments violents, passionnés ; on aime d'amour, on ne voudrait pas aimer ; on maltraite et on caresse au fond de son cœur. On dit : plus rien de commun avec toi ; et dans le plus intime de l'être, on répète : tout est commun avec toi. On voudrait se déclarer indépendant, secouer le joug, se faire étranger, et l'on subit fatalement le mouvement qui pousse vers l'être adoré.

O Dieu ! votre charme secret et votre insurmontable appel m'attirent ainsi de tous les points de ma vie, depuis le berceau jusqu'à la tombe ; et si je ne meurs pas orphelin ou entièrement privé de vous, je me relèverai encore de la tombe avec ce regard d'aigle qui surmonte l'éblouissement du ciel et de votre beauté, afin de vous découvrir, de vous fixer et de vous voir de mes yeux. Entendez donc, Seigneur, entendez sortir de ce cœur d'homme complètement livré à vous, ce cri : je veux vivre de vous ! je veux vivre de vous ! Je vous le dis de la part de mes frères, de la part de mon peuple et de ma nation, oui, Dieu est la loi principale de l'humanité. Il fait la première et l'indispensable condition de sa vie.

De telle sorte que si Jésus-Christ part, s'il secoue la poussière de ses pieds sur cette terre abandonnée, s'il prend son vol vers les cieux, l'humanité a le droit de crier, comme les Apôtres : est-ce que je resterai orphelin? Mais non, il le jure : *Non relinquam vos orphanos.* Je ne vous laisserai pas orphelins.

L'orphelin, dans son acception la plus complète, c'est l'être privé de Dieu ; et je ne sais pas, moi qui vois les âmes, je ne vois pas d'orphelin plus délaissé que celui qui a son père et sa mère, toutes les affections de la terre en son cœur, mais qui porte en lui-même le vide, l'abîme insondable : la place de Dieu inoccupée !

Tout d'abord, mes Frères, je dois vous faire sentir la relation qui existe entre le mystère de l'Ascension et l'Œuvre que j'ai l'honneur de représenter aujourd'hui. Le Christ, dans son triomphe, quitte cette terre et remonte aux cieux. On pourrait croire que sa mission restera inachevée, et que nous allons devenir orphelins. Non, la mission sera terminée, et Jésus-Christ demeurera parmi nous. Il est dans le cœur du chrétien, dans l'âme d'une nation fidèle ; il est dans l'Eglise enfin, vivant au milieu de nous jusqu'à la consommation des siècles.

Cependant il est question d'orphelins : *Non relinquam vos orphanos.* Et le bien-aimé client dont j'ai à plaider la cause devant vous, c'est précisément l'orphelin. Non pas l'orphelin dans les conditions ordinaires, mais l'orphelin privé de tout, privé de famille, privé de société, privé de joie, privé d'espoir, privé de Dieu, souvent du baptême ; enfin l'orphelin tel que le recueille l'Œuvre de la Première Communion.

C'est l'enfant pris sur la borne de nos rues ; il est là;

sentant dans sa poitrine jeune et ardente battre l'infini et l'éternité ; il est là, seul au monde ! Peut-être, au lieu de cantiques, son berceau a-t-il été entouré de blasphèmes et de malédictions (1). Plus tard, on a répondu aux puissantes aspirations de la nature par ce grand cri : la Liberté ! et puis on s'est tu autour de son enfance. Et maintenant il est seul, sans principes, sans foi, sans espérance ; il ressemble à une pauvre créature dédaignée de Dieu et des hommes.

Je le dresse donc devant vous, mes Frères, cet orphelin, je le pose entre le ciel et la terre, attaché au triomphe de mon Dieu, comme une dépouille opime, la plus chère à sa gloire ; et je vous adjure de seconder l'Œuvre admirable qui défend sa vie et son salut éternel. Cette Œuvre, unique à Paris, a déjà fourni à l'Église et à la France plus de quinze mille hommes dans le cœur desquels on a mis l'amour à la place de la haine, chez qui on a réveillé les sentiments de l'ordre, de la justice, du devoir et de la religion. On a donné à leur corps le pain matériel, pour donner ensuite à leur intelligence

---

(1) Dans un de ses Bulletins, le Directeur de l'Œuvre raconte le trait suivant :

« Une jeune fille nous amena un jour son frère, âgé de treize ans.

« L'inconduite de mon père, nous dit-elle, m'a obligée de le quitter ; « je me suis retirée dans une honnête famille où je suis heureuse ; mais « mon frère est bien malheureux et perdu, si vous ne le recevez pas. « Je dois vous l'avouer, j'ai entendu mon père parodier devant nous « l'Évangile et le catéchisme et apprendre à mon frère les plus horribles « blasphèmes. » Ce pauvre petit nous resta, fit sa Première Communion trois mois après ; placé en apprentissage et soutenu par sa courageuse sœur, nous savons qu'il est resté, comme elle, pieux et honnête. »

le pain de la vérité (1). On a doté ces existences des vertus chrétiennes et sociales : ces vertus qui resteront le bonheur de l'individu toujours, le soutien de la famille toujours et la sécurité d'une nation toujours.

Ils sont là, plus de trois cents, dans leur refuge d'Auteuil. Entendez-les, mes Frères, ils n'ont pas d'autres ressources que ma parole et votre compassion. Et j'ai juré à Dieu que vous et moi nous leur procurerions aujourd'hui un mois d'existence (2). Je veux faire de vous leurs pères, je veux vous les donner pour enfants ! et un jour, à l'éternité, en face de Dieu, quand je crierai grâce pour vos péchés, ce sera le bien que vous leur aurez fait que je présenterai à la miséricorde divine, pour qu'il retombe sur vos têtes en pardons et en bénédictions.

Voulez-vous me permettre de grouper autour de deux propositions principales toute la grandeur et l'importance de ce sujet ? Puisque j'ai parlé d'orphelins, je m'empare de cette expression et de cette idée, et je voudrais dire, premièrement, ce que c'est que d'être orphelin recueilli par Jésus-Christ. C'est là tout ce discours.

(1) Un jeune homme de seize ans nous fut amené, par sa mère, quelques mois après la guerre. Il avait pris part à l'insurrection et revenait des pontons, ayant au cœur la haine de la société. Il y avait à peine un mois qu'il nous avait été confié, qu'on l'entendait dire : « Oh! si j'avais connu de la religion seulement ce que j'en connais, jamais on ne m'aurait pris dans la Commune. »

C'est aujourd'hui un bon et fidèle domestique.

(*Bulletin de l'Œuvre*)

(2) Ce mois d'existence n'est pas moindre de 10,000 francs, en ne comptant que 1 f. 77 par jour et par tête. Ce chiffre aujourd'hui doit être pour le moins doublé.

I

En remontant aux principes, aux définitions et à cette analyse des mots que le docteur angélique fait d'une manière si profonde, je trouve qu'orphelin veut dire « privé ». Les Latins employaient cette expression pour signifier toute créature manquant de quelque chose. Ainsi, une plante a besoin pour vivre de la rosée du ciel et du rayon de la lumière ; si elle en est privée, c'est un orphelin ! Remontons l'échelle des êtres : l'oiseau a été dévoré par le vautour, son nid reste abandonné, ses petits meurent de faim ; l'homme qui écarte la branche et qui découvre ce triste spectacle s'attendrit en disant : Ce sont des orphelins ! Montons plus haut encore. L'homme a besoin, pour vivre, d'autre chose que d'une goutte de rosée, d'un rayon de soleil et d'un grain de froment : l'homme est une intelligence, un amour et une liberté ; et si vous le frustrez dans sa liberté, son amour ou son intelligence, c'est un être privé, par conséquent un orphelin. Sans doute, il lui faut à son berceau un père et une mère ; s'il a été assez malheureux pour ignorer toujours ces deux sources de sa vie, si ces deux grandes bénédictions, par un horrible malheur, se sont transformées pour lui en malédictions, oh ! oui, c'est un orphelin ! Mais j'en connais un autre qui l'est bien davantage : c'est l'homme privé de Dieu. Donnez à une créature humaine toutes les splendeurs du luxe, toutes les jouissances des plaisirs, tout l'éclat d'une grande existence et toutes les tendresses de la famille ; si je la rencontre trompée dans les droits sacrés de son être, sans l'idée de Dieu dans l'intelligence, sans le sentiment de Dieu dans le cœur, privée de la liberté des enfants de Dieu, je le déclare, en face du ciel et de la terre, personne ne peut s'appeler orphelin comme cette malheureuse créature.

L'homme n'a rien tant qu'il n'a pas Dieu! Pour s'en convaincre, qu'il se souvienne de certains jours heureux de sa vie...

Alors, il dansait dans la joie, les membres bondissaient, l'imagination était jeune, l'âme était sous le coup d'une ivresse qui la remplissait de toutes parts. Et cependant il restait au fond du cœur je ne sais quel grand vide douloureux que rien ne pouvait combler. Pourquoi? Parce que Dieu manquait; voilà donc la loi. Si l'homme n'a pas Dieu, c'est l'être le plus privé, le plus orphelin !

Est-ce petitesse ou grandeur ? J'affirme que c'est grandeur. L'homme est trop grand pour vivre des choses d'ici-bas ; il lui faut du supérieur, du surhumain, de l'éternel ; il lui faut de l'infini. Aussi, quand la main divine pose à ses lèvres cette coupe où il peut boire l'infini, alors l'homme relève fièrement la tête ; car il se sent le fils de Dieu, et il peut lui dire en vérité: Mon Père !

Oh! mes Frères, comme on se trompe à notre époque ; comme on ignore la nature humaine, quand on s'imagine qu'on pourra nourrir l'intelligence d'utopies et d'idées vaines, rassasier le cœur de plaisirs et dorer à ses yeux, du nom de liberté, cette odieuse pilule *qui est la licence*. Faire cette œuvre, c'est creuser un abîme dans la nature d'un homme, c'est le creuser dans la société pour perdre l'un et l'autre dans le plus affreux désordre.

Eh quoi ! vous voulez qu'une intelligence se contente

de vos discours ? vous croyez qu'elle peut trouver le repos au milieu de vos rêves ? Je n'ai qu'une chose à vous répondre : c'est la sublime parole de Saint Augustin : « *Inquietum est cor nostrum donec requiescat in te.* » Mon cœur est inquiet, jusqu'à ce qu'il repose en Dieu.

Voilà l'homme, mes Frères, voilà l'orphelin de vos rues. C'est lui que je veux, au nom de Dieu, ramasser dans la boue(1). Il y a dans son intelligence le vide, dans son cœur le vide, et dans sa liberté le vide ; je le prends, ce cher petit être ; pour combler ces vides je lui donnerais mon sang et mon âme. Mais c'est trop peu ! il lui faut donner l'âme et le sang du Christ, afin de nourrir son intelligence du Verbe ou de la vérité divine, son cœur de l'Eucharistie ou de l'amour infini, ses membres de cette chair sacrée ; et ainsi fortifié, le faire entrer dans la vraie liberté, celle qui fait grandir l'homme, la liberté des enfants de Dieu.

Mais je n'aurais pas dit tout ce qu'il y a de malheur renfermé dans cette idée d'orphelin, si j'omettais de compter au nombre des êtes privés du plus grand nécessaire une nation, un peuple sans Dieu. Car, sachez-le, mes Frères, un peuple aussi peut devenir orphelin ! Le peuple a besoin de Dieu, il a besoin du Christ. Il lui faut un culte, des autels et des prêtres. Aussi, quand un jour il se reveille avec l'oubli total de ses tra-

---

(1) L'expression n'est que trop vraie. Plusieurs de nos infortunés enfants se sont vus des semaines entières sur le pavé de Paris, dans l'abandon le plus absolu, ne sachant où coucher, ni manger ou plutôt couchant dehors, presque nus, quelquefois au plus fort de l'hiver, et disputant aux animaux le pain jeté par mégarde au coin de nos rues. Mais leur misère morale et religieuse est sans contredit pire encore ; beaucoup ne savent pas un mot de prières et n'ont entendu parler de Dieu qu'avec mépris.
Plus de trente n'étaient pas même baptisés et le nombre s'en accroît tous les ans.

ditions de foi religieuse et de vraie noblesse ; quand on le voit prendre des airs étonnés et des regards stupéfaits, si on cherche à le secouer de la torpeur dans laquelle il méconnaît ses véritables destinées, quand on lui dit : Qu'est-ce que Dieu ? et qu'il ne peut pas répondre ; Qu'est-ce que Jésus-Christ ? et qu'il prétend n'avoir rien de commun avec cet homme ; quand on sonde cette conscience et ce cœur qui ont des siècles, mais qui n'auraient pas dû vieillir ; quand on y trouve le vide complet, le baptême oublié, l'Évangile effacé, la morale défigurée ; quand on regarde son Code et qu'on y découvre l'expression de ses mœurs, l'indifférence maîtresse et la divinité chassée ; quand ses temples sont déserts et que ses générations nouvelles parcourent leur carrière loin de Dieu ; quand elles prétendent aimer, souffrir, vivre et mourir sans lui ; oh ! oui, ce peuple est devenu un immense abandonné et le plus misérable des orphelins !

II

Après avoir dit en quoi consistait le malheur d'être orphelin pour l'individu et pour un peuple, je reviens à ce petit être dont je suis l'avocat près de vous. Mes Frères, gardons-nous bien de lui lancer l'anathème : s'il fait le mal, c'est par ignorance. A peine entré dans la vie, il a été fatalement jeté entre le crime et la divinité.

Le laisserez-vous sans secours, marchant fatalement à la perdition, avec son intelligence pleine d'erreurs, son amour perverti, sa liberté dévoyée ? Non ! vous ne l'abandonnerez pas ! vous nous aiderez à le sauver, vous aiderez l'Œuvre à le recueillir et à l'adopter ; en un mot vous le donnerez à Jésus-Christ, qui seul régénérera cette misérable créature en lui communiquant sa vie.

Eh bien ! je le présente à mon siècle et à mon époque, ce jeune homme déjà si profondément frappé, avec les nécessités que lui a faites la grâce unie à sa nature, et je demande : qui donc pourra réclamer le droit de nourrir cet être humain ? Est-ce le monde ? allons donc ! Est-ce l'utopie moderne ? allons donc ! Comment ? Vous inventerez des formules de fraternité, mais jamais vous n'apaiserez sa faim ; je vous en défie ! Moi qui m'honore d'être le frère de l'ouvrier, moi qui ai la mission, à l'heure qu'il est, de l'évangiliser, je vous affirme que tous vos rhéteurs sont de grands criminels et qu'ils ne peuvent rien pour cet être abandonné. Mais, que le Christ passe ; qu'en montant au ciel il jette un regard sur cette nature déshéritée et qu'il se choisisse un prêtre pour le créer père de cet orphelin ; que ce prêtre songe à l'immense responsabilité de sa mission, qu'il aborde avec respect cette jeunesse meurtrie et désespérée ; qu'il fasse la génuflexion au-dedans de son âme, parce qu'il a devant lui l'image du Christ souffrant, du Christ abandonné sur la croix...

Oui ! ploie le genou, mon Frère, prêtre de Jésus-Christ, va vers cet enfant, ôte-lui ses haillons, relève cette mèche de cheveux qui pend en désordre comme un diadème flétri par le chagrin et peut-être déjà par le vice ! Regarde-le, bénis-le ; pose sur son front souillé les lèvres avec lesquelles tu as bu le sang du Christ, et dis-lui à l'oreille du cœur : Ecoute, mon fils, j'ai été créé pour toi, je voudrais te donner ma vie. Je n'ai plus d'autre ambition que toi, d'autre amour que toi, d'autre passion que toi. Entends-tu ? Ma jeunesse, elle est à toi, mon intelligence à toi, mon cœur à toi ! Mon asile sera ton asile, ma table sera ta table, mon foyer ton foyer ! Tu seras le maître chez moi, parce que tu es le pauvre et l'abandonné, parce que tu es Jésus-Christ. Et à toi je dis comme à Dieu : Tu es mon héritage et ma portion !

Et que va faire ce pauvre petit ? Comprend-il un semblable discours ? Il regarde cet homme aux paroles si douces, et une grosse larme se détache de ses yeux ; il la boit comme un breuvage jusque là inconnu : c'est une larme d'amour !

Il n'a rien à répondre que cette parole : J'irai où tu voudras ! ton cœur sera mon cœur, ton peuple sera mon peuple, ton Dieu sera mon Dieu !

Et que va-t-on faire ? Lui donner du pain, parce qu'il se meurt. — Et quel pain ? D'abord le pain matériel, ensuite le pain de l'âme.

Car l'homme se trouve entre deux nécessités ; et pour les satisfaire, il lui faut deux morceaux de pain : le morceau de pain de la honte et le morceau de pain de la gloire. Le premier, c'est celui dont il est écrit : « Tu mangeras ton pain à la sueur de ton front. » Ce morceau de pain est humide de larmes et de sueurs. On dit : le pain des sueurs, comme on dit : le pain des larmes ; c'est celui que l'humanité est condamnée à dévorer. Ce pain fait peur et fait mal. L'autre attire puissamment. Sans doute, il y a des sueurs aussi, il y a des larmes, il y a même du sang divin dans cet autre morceau ; mais j'y découvre tout ce qu'il faut pour relever un homme, pour le nourrir et le fortifier contre les défaillances de la vie.

L'homme, mes Frères, réclame trois choses pour vivre :

La force, d'abord la force que donne le pain, comme dit le prophète ;

Une goutte de joie ensuite, pour rendre son exil supportable ;

Et enfin l'honneur ou le sentiment de sa dignité.

Touchez à une blessure de l'humanité, touchez à un cœur de vingt ans qui vient d'être faible : ce qu'il réclame, ce qui se fait entendre dans ses larmes, dans son repentir, ce n'est que la plainte de ses droits violés dans une âme coupable ou malheureuse. Ces trois besoins de l'humanité, Dieu seul peut les apaiser, parce que c'est lui qui les a fait naître. A cette faim il a daigné répondre par l'invention sublime d'un morceau de pain qu'il pétrira lui-même, afin d'y injecter une force surhumaine, une source de bonheur indicible et un bonheur dont la dignité divine est elle-même la mesure. Ne pensez donc pas à élever l'enfant loin de la table sacrée où le pain est servi.

Si vous sevrez l'orphelin du pain de la Première Communion, je dis que vous ne comprenez rien à la nature humaine, pas plus qu'à la nature divine.

Ils sont étranges ces discoureurs et ces sophistes du jour ! Ils ont constamment sur les lèvres les grands mots de dignité humaine, de respect pour la personnalité, de responsabilité pour la conscience, la liberté, toutes ces grandes choses. — En comprennent-ils bien le sens ? Savent-ils bien le pain dont on nourrit le pauvre, l'être abandonné ? — Connaissent-ils le pain qui ajoute à la dignité de l'homme, qui lui inspire la plus grande force morale, le vrai sentiment du respect de soi-même et la conscience de ce qui est juste et grand dans l'esprit de la sainte liberté ?... Non, parce qu'ils prétendent satisfaire les aspirations de la nature humaine en dehors des mystères de la religion.

Comme elle a de l'homme une plus profonde intelligence et de sa dignité un respect sincère, cette Œuvre chrétienne, qui se présente avec ce seul titre prédestiné: *Œuvre de la Première Communion!* Elle dit plus, elle fait surtout beaucoup plus que toutes les vaines utopies, l'Œuvre de cet humble prêtre ! Il recueille l'enfant sur la borne de la rue, et, pour en faire un homme, pour le rendre fort, heureux, digne et respecté, il lui assure le pain de la Communion ; c'est-à-dire le pain qui fait la vie, qui fait l'honneur et la joie de l'homme, parce qu'il est le pain de la divinité. Grâce à cet homme, l'enfant qui ne connaissait que le malheur, connaîtra le plus beau jour de la vie. Il ne quittera pas ce monde en disant au bonheur : Tu as été pour moi un étranger et un inconnu ! Non, il pensera plutôt : Grâce à l'ange qui m'est apparu au jour de l'abandon, j'ai bu à cette coupe préparée par Dieu, j'y ai puisé la force de bien vivre, ma goutte de rosée ; et j'ai senti que j'étais devenu grand, car, au retour de ce banquet, on s'inclinait devant moi comme devant un être que le Seigneur lui-même respectait.

Eh bien ! Messieurs les utopistes, que pensez-vous de l'invitation ? Allez à Auteuil, allez à ce refuge, voyez les beaux petits visages, ces lèvres sur lesquelles va se reposer le Dieu de la Première Communion. En admirant tout ce que vous apprendrez à cette école, comprenez enfin ce qu'il faut pour former un homme, et comment on entend, parmi nous, le respect et l'amour de l'humanité !

L'enfant, lui, apprécie la valeur d'un semblable bienfait. Il ne reste jamais, devant une bonté si parfaite, inintelligent ou ingrat. (1)

J'interrogeais dernièrement un de ces heureux adeptes, et lui montrant ce prêtre devenu son ange ou son père, je lui disais : « Eh bien ! l'aimes-tu, ce prêtre ? — Oh ! oui, Monsieur ! » me répondit-il, et il enveloppait son protecteur d'un regard indescriptible, de ce regard de douze ans qui reflète quelque chose d'ineffablement pur ; et puis, quand il eut contemplé cette beauté sacerdotale du dévouement et du sacrifice, il me dit à l'oreille :

« Savez-vous comment nous l'appelons ! — Nous l'appelons : « Papa qui gâte. — Oh ! pourquoi donc ? Tu es donc l'enfant gâté, pauvre petit ? — Oui, aurait-il pu ajouter, l'enfant gâté de Dieu, parce que je suis l'enfant gâté de cet homme. — Et que t'a-t-il donné ? — Rien, rien que cette table, rien que ce pain divin ! »

— Rien que cela ; mais c'est tout, n'est-ce pas ? Cette goutte de joie dont tes lèvres étaient altérées, tu l'as savourée ! Ce jour qu'on appelle « le plus beau de la vie »

(1) Ce n'est pas seulement pendant leur séjour à la Maison que ces enfants nous consolent par leur reconnaissance ; leur transformation et leur persévérance, une fois sortis, ils nous sont des causes fréquentes de joie.

Il y a peu de temps, une mère venait nous remercier de l'éducation que nous avions donnée à son fils. Avant son entrée à l'Œuvre, il était insolent et coureur ; impossible de le tenir à la maison. Depuis qu'il est sorti de chez nous, il y a plus d'un an, ce digne enfant est si tu l'as connu! Et tu te sens noble et fier parce que ce bonheur t'a révélé la grandeur de ton origine et de tes destinées. »

Ainsi se trouve résolu ce problème tant cherché de fraternité, d'égalité, d'amour et de respect pour l'homme, le problème de régénération, la substitution des instincts généreux et divins aux instincts de la bête. Ce problème est résolu par nous à force de charité et de dévouement.

Cet enfant est devenu mon frère, parce que nous avons le même Dieu; ses lèvres ressemblent aux miennes, empourprées qu'elles sont du sang de Jésus-Christ.

Nous puisons aux mêmes sources. La force que j'ai, moi, pour prêcher la vérité et l'aumône, il l'aura, lui, pour tracer droit son sillon et pour travailler en honnête ouvrier. Mais il réclame quelque chose de plus au milieu de ses labeurs, il veut des joies. Nous les goûterons ensemble. Voyez-vous ce tabernacle? il suffit à nos désirs. Tandis que vous passerez, indifférents ou sceptiques, cherchant le bonheur que vous ne trouverez nulle part, nous serons assis tous deux à la table sacrée, refaisant nos forces en nous enivrant des célestes jouissances.

Il est devenu mon frère! il devient mon égal! parce qu'il est fils de Dieu comme moi, et que nous avons commune cette formule de notre dignité: *Divinæ consor-*

---

affectueux pour sa mère, si docile et si laborieux que la pauvre femme, dans une exagération dictée par la reconnaissance, se figurait que ce n'était plus son fils, et que nous lui en avions donné un autre. La vérité est que c'était un tout autre enfant.

Le plus grand nombre, il est vrai, n'a ni l'occasion ni le pouvoir de nous donner des preuves de leur reconnaissante affection. Mais, quand ils le peuvent, ils le font avec une simplicité charmante et une générosité qui nous confond. (*Note du Directeur.*)

les naturæ. Tel est l'orphelin recueilli par Jésus-Christ.

Et voilà, mes Frères, ma plaidoirie. Je vous demande si vous voulez bien contribuer à cette admirable mission. Je vous ai parlé d'un mois d'existence, il n'y a plus de pain... Il le faut ce mois. Il faut que vous aidiez à l'œuvre de Dieu ; il se donne lui-même pour nourrir l'âme de l'orphelin ; donnez, mes Frères, le pain qui soutient les membres et le vêtement qui les recouvre ! (1)

D'ailleurs, si le pauvre enfant n'est pas suffisamment armé pour la vie, on lui assurera un métier, afin qu'il puisse gagner honorablement le pain de chaque jour. C'est beau ! c'est grand ! c'est préparer un appui pour la famille, c'est fournir un homme à l'Église de Dieu et à cette chère France qui en a tant besoin !

O France, ô mon pays, que tu dois donc bénir cette Œuvre ! Il me semble que ton regard se rencontrait avec celui de Dieu sur cette petite maison d'Auteuil, sur ces bien-aimés enfants qui chantaient un cantique. Leur cœur était tout joyeux. Ils avaient quitté la rue la veille ; et à peine se trouvaient-ils dans leur élément, qu'ils chantaient comme les oiseaux du ciel lorsqu'ils recouvrent leur liberté.

O nature humaine ! c'est qu'en effet ta vie est là ! Cette fois tu es comprise, honorée, respectée, et c'est à la religion que tu le dois. La religion !... mes Frères... quand je ne serais parvenu dans ce discours qu'à vous la faire estimer davantage, je ne considérerais pas ma

---

(1) Nous osons compter sur la générosité de tous nos *Bienfaiteurs* pour le pain et les vêtements qui nous sont nécessaires ; l'Œuvre de régénération que nous avons entreprise avec eux est le fruit de leurs sacrifices comme des nôtres, et notre joie la plus douce est de penser que s'il faut souffrir beaucoup — se gêner beaucoup — ; pour eux comme pour nous la récompense sera grande.

(Note du Directeur.)

parole comme perdue. Mais je veux, après avoir eu vos cœurs, je veux avoir vos bourses ; et je les aurai, parce que c'est le cœur qui les délie. Oh ! oui donnez, donnez.. Je souhaiterais pour cette Œuvre toutes les richesses, afin qu'on nous fisse des hommes ! afin que la France chrétienne domine la France païenne !

Mon Dieu, nous sommes à des jours difficiles ! L'avenir est sombre, il est inquiétant et cependant que d'espérances !

Seigneur, toi qui pour dix justes aurais sauvé les villes coupables, ne vois-tu pas, dans Paris et dans cette France, ne vois-tu pas plus de dix justes ? Où frapperas-tu, Seigneur mon Dieu, dans ta colère ?

N'est-il pas là, ton Christ, suspendu entre le Ciel et la terre ? Pour arriver à nous, entends-tu, il faut le traverser, lui ! car il est sur Paris, la ville des grandes œuvres. Il est là ! — d'une main il recueille l'orphelin, de l'autre il retient les foudres du ciel. — O Maître, je t'adore dans cette attitude ! Arrête la colère divine, fais parler la miséricorde ; et si jamais le flot de l'iniquité monte vers toi et crie vengeance, Seigneur, jette un regard sur Auteuil, sur ce que ce peuple fidèle va faire.. et souviens-toi, mon Dieu, que l'aumône doit couvrir la multitude des péchés !

NOTA : On comprendra maintenant, de plus en plus, nous l'espérons du moins, la nécessité de nous venir en aide pour une Œuvre si belle et si utile à tant d'égards. Les personnes pieuses et charitables voudront, en souvenir de leur Première Communion, pour remercier Dieu des grâces reçues et pour en obtenir de nouvelles, en faveur de ceux qui leur sont chers, adopter un de ces nombreux pauvres abandonnés que nous recueillons gratuitement dans l'année et nous procurer les 120 francs que nous coûtent son entretien et sa nourriture pendant les trois mois que nous mettons à le préparer à sa Première Communion.

Bien des familles chrétiennes, voulant aussi attirer la bénédiction de Dieu sur leurs enfants et leur obtenir la grâce d'une bonne Première Communion, ainsi que la persévérance et un heureux avenir, ont eu la généreuse inspiration de prendre à leur charge, un et même plusieurs de nos premiers communiants trimestriels, ou de nous procurer les vêtements propres, leur permettant de se présenter convenablement à la Table Sainte. En souvenir de ce bienfait, l'enfant protégé reçoit à sa Confirmation le prénom de son bienfaiteur et en le lui donnant nous avons soin de lui rappeler que c'est à ce nom qu'il doit son entrée dans l'Œuvre, sa Première Communion et le bonheur de toute sa vie, s'il veut être fidèle. C'est surtout cette dernière combinaison de la charité que nous croyons devoir suggérer aux personnes qui voudraient bien nous aider. Nous avons des exemples frappants des heureux résultats de cette alliance chrétienne entre le pauvre et le riche ; le pauvre qui bénit et qui prie, le riche qui donne et qui protège.

L. R.

PREMIÈRES COMMUNIONS D'AUTEUIL

Il y a quatre Premières Communions par an le 19 Mars, Fête de Saint Joseph ; en Juin, Octave de la

Intérieur de la Chapelle un jour de Première Communion.

Fête-Dieu ; le 8 Septembre, Fête de la Nativité de la Bienheureuse Vierge Marie et le 8 Décembre, Fête de l'Immaculée Conception. Le nombre des Communiants (enfants ou adultes de 13 à 20 ans) est de 50 à 80 par trimestre, environ 300 dans l'année.

Ces intéressantes cérémonies remplies de si douces émotions sont toujours présidées par un dignitaire de l'Église.

Que l'on nous permette de mettre encore sous les yeux des lecteurs de ce petit opuscule une des exhortations adressées à nos Enfants à la Messe de Première Communion (1).

« MES CHERS ENFANTS,

« C'est presque une indiscrétion de vous parler en ce moment solennel. Dieu seul devrait se faire entendre. Cependant il est bon que Jésus-Christ présent sur l'autel parle à vos sens ; et, puisque l'Église, qui m'a choisi pour son ministre, m'engage à parler en son nom, je vous dirai dans un cri de mon âme toutes les merveilles que Dieu a préparées pour vous. Mon cœur palpite comme aux heures les plus graves et les plus douces de ma vie, car la Providence me fait assister à l'un de ces spectacles que la terre ne peut offrir qu'à la condition d'effacer tout ce qu'elle a de misérable et d'emprunter au ciel ce qu'il a de plus riche et de plus beau.

« Vous étiez abandonnés et Dieu vous a recueillis. Vous êtes devenus ses fils de prédilection et les héritiers de sa gloire. Il demandait à vous couvrir de ses bienfaits ; et pendant qu'on vous préparait avec tant de soins pour ce grand jour, Dieu l'attendait, ce jour, avec une impatience plus vive encore que celle qui a remué vos âmes.

---

(1) Cette Messe est dite à 9 heures dans notre Chapelle, 40, rue La Fontaine, à Auteuil, aux époques indiquées ci-dessus. Les Vêpres, Salut et autres cérémonies sont dans l'après-midi.
Nos Bienfaiteurs et Amis y sont invités. Il y a indulgences pour eux et pour nos Enfants.

(Bref du 22 Juin 1892.)

« Il me sera donc permis de dire que ce jour est le plus beau jour de Dieu, comme il est le plus beau jour de l'homme.

« Le jour de Première Communion est le plus beau jour de Dieu. En effet, il a tout créé pour ce jour, le ciel et la terre, les astres qui chantent sa gloire, et l'océan qui murmure sa puissance. Tout cela était fait pour ses saints et ses élus. Ils sont la fin de toutes œuvres ; et c'est en ce jour béni qu'il les rencontre pour la première fois dans une intimité aussi parfaite. S'unir à la dernière des créatures humaines, tel a été le dessein qu'il s'est toujours proposé. L'amour, qui l'a fait descendre dans notre nature, lui fait trouver ses délices à être avec les enfants des hommes : *Mes délices sont d'habiter avec eux*, dit-il ; et encore : *J'ai désiré d'un grand désir de manger cette pâque avec vous. Je ne vous laisserai pas orphelins, je viendrai à vous...* Et le prophète, prédisant tant d'amour, s'écriait : *Les pauvres mangeront et seront rassasiés, et leur âme vivra éternellement.*

« Quand ces grandes choses étaient dites, il pensait à vous, mes chers petits, il vous voyait, il vous tendait les bras, il comptait les jours qui vous séparaient encore de lui.

« Aussi que n'a-t-il pas fait pour vous recueillir ? Il n'y a pas de bornes qu'il n'ait franchies pour vous atteindre et vous presser dans les étreintes de son immense charité. Quel admirable mystère ! Imaginer de passer avec vous le plus beau jour de fête qu'il se soit promis dans les conseils de son infinie sagesse ! Ce jour est donc le jour de Dieu ; il est l'achèvement de son plan magnifique ; et quand il veut des triomphes et des solennités dignes de lui, il entr'ouvre le ciel et

NOTRE-DAME de la PREMIÈRE COMMUNION et de la PERSÉVÉRANCE.

NOTA. — Cette gravure de Notre-Dame de la Première Communion et de la Persévérance rend parfaitement notre idée : montrant un persévérant qui accompagne à la Communion un petit pauvre dont il a été le protecteur et le modèle.

(L. ROUSSEL.)

montre à ses anges ce petit coin de terre où il fait la pâque avec les pauvres, les bien-aimés de son cœur.

« Approchez, mes enfants, car si c'est le plus beau jour de Dieu, c'est aussi votre plus beau jour. Que les sentiments d'amour et de confiance remplissent vos âmes.

« Votre berceau peut-être n'a pas été entouré des soins maternels ; il n'a pas été réchauffé par un duvet moelleux ; aucun cantique n'a charmé vos oreilles pour vous endormir doucement sous les ailes de votre ange. Mais il est ici le Dieu qui a formé le cœur des mères et qui a inventé les douceurs du berceau ; le Dieu qui donne aux petits oiseaux leur pâture, au nid la mousse qui conserve la chaleur et la branche qui les berce. Il peut suppléer aux mères les plus tendres et vous rendre tout ce que vous n'avez pas eu. Il vous appelle ; il vous ouvre son cœur. Est-il un amour plus chaud et de plus doux duvet ?

« Pour vos âmes il a fait le froment et la vigne. Car les hommes se trompent s'ils pensent qu'il les a créés seulement pour leur fournir une nourriture matérielle et vulgaire. Dans la profondeur de ses conseils, il préparait, en les formant, le service de cette table où vous allez vous asseoir ; en s'ouvrant les veines, il va se donner tout entier, afin d'animer le froment et la vigne et de donner à vos âmes, sous les apparences du pain et du vin, leur vraie nourriture.

« Venez puisez dans cette hostie assez de force pour bien vivre, assez d'amour pour pouvoir contenir votre cœur et ne jamais permettre qu'on le flétrisse, pour rester fidèles enfin aux commandements de Dieu et de son Eglise. Je veux que tous vous sortiez d'ici de véritables chrétiens. Laissez Jésus-Christ s'emparer de vous. Qu'il jette bien loin ce qu'il y a eu de mauvais en vos natures si jeunes et déjà si éprouvées, et qu'il développe en elles, sous l'influence de cet adorable sacrement, ce qu'il y a de plus honnête et de plus généreux.

« Votre vie sera dure. Vous devrez gagner votre pain à la sueur de votre front. N'oubliez jamais que le travail vous est commandé par Dieu. Dans les mauvais jours, au milieu des troubles et des passions humaines, vous n'écouterez pas les perfides conseils de la souffrance. Vous ne céderez ni à l'envie, ni à la révolte. Le souvenir de ce jour rejaillira sur votre existence entière ; il chassera devant lui, comme un rayon du ciel chasse les gros nuages, les défaillances et le désespoir. Il vous redira ce que Dieu a fait pour vous, ce qu'il a souffert ; il vous rappellera ses sueurs et son sang. Vous verrez, en Jésus-Christ, non pas un maître qui se repose et qui accable l'épaule de son serviteur, mais le meilleur et le plus libéral des maîtres, qui s'est soumis d'abord à la peine qu'il ordonne, en prenant sur lui ce qu'elle a de plus dur; un maître dont l'épaule tout ensanglantée prouve bien à ceux qui souffrent qu'il s'est réservé la croix la plus lourde.

« Jurez à Dieu que vous lui resterez fidèles et qu'au milieu des persécutions et des malheureux préjugés de l'atelier, vous vous montrerez fermes comme les premiers chrétiens, qui, après avoir mangé ce pain de vie et bu à ce même calice, ressemblaient à des lions. Ils couraient au martyre comme on court à une fête, tant est puissante la vertu de ce festin auquel vous êtes conviés !

« Ainsi, à cause du bonheur et des forces qu'il renferme, ce jour est le plus beau jour de l'homme. Regardez bien, mes chers enfants, comment le soleil brille en ce jour unique dans la vie, car vous ne le reverrez plus briller de la sorte. Goûtez bien cette joie incomparable. Ouvrez vos âmes à la plus douce confiance. Venez, les bien-aimés de Dieu, venez avec la simplicité de votre âge, comme l'oiseau qui retourne à son nid ou le cerf altéré qui s'élance vers les fontaines. Dites à Jésus-Christ : J'ai faim ; je suis pauvre et abandonné ; je n'ai que toi au monde ; ne me refuse pas ma part de joie et d'espérance ; donne-moi mon viatique pour la route que j'ai à parcourir et la croix que j'ai à porter.....

« Savez-vous bien ce que c'est qu'un viatique ? C'est le don que la mère fait à son fils avant que l'enfant parte pour son tour du monde.

« Elle lui donne trois choses : un baiser bien tendre, qui contient la plus grande somme d'amour ; une larme bien pénétrante, qui jaillit de son cœur et tombe sur le front de l'enfant en y laissant une trace ineffaçable ; enfin un morceau de pain sec pour la nourriture de deux ou trois jours. C'est là ce qu'on appelle un viatique et c'est ce que je vais vous donner en ce jour : le baiser de Dieu tout plein du plus grand des amours, de l'amour infini !... une larme de Dieu pénétrante comme la flamme la plus vive du sacrifice le plus complet !... et ce morceau de pain, qui n'est pas sec et qui n'est plus du pain, cet aliment du ciel, qui est Jésus-Christ, votre frère et votre Dieu !... N'est-ce pas là toute la vie de l'homme ? *De l'amour, des larmes et du pain.* C'est le ciel aussi, car le ciel c'est l'amour parfait, ce sont des larmes de joie et le bonheur devenu le pain de l'âme immortelle !...

CONCLUSION

Les personnes charitables qui ont compris le but et l'importance de notre Œuvre, pourront la soutenir de la manière suivante :

I° Par des DONS EN ARGENT ou en NATURE : papiers et livres de toutes sortes, bons ou mauvais (1), complets ou incomplets, journaux, livres de commerce, cartes de visites, timbres-poste ; jeux, jouets, vêtements, chaussures, linge, objets de toute nature, capables de figurer dans une *vente ou loterie* annuelle, etc., bref, tout ce qui n'est plus nécessaire et qui se perd, quelque minimes qu'ils soient, ils seront toujours reçus avec reconnaissance ;

II° Par une SOUSCRIPTION pour la FONDATION D'UN LIT en versant 8,000 fr., ce qui assure le titre de fondateur ;

III° Par une SOUSCRIPTION ANNUELLE pour l'entretien d'un lit, 360 francs ; ou pour une partie de lit, 180 francs pour un demi-lit ; 90 fr. pour un quart de lit ; 30 fr. pour un douzième, ou même 15 fr. pour un demi-douzième de lit ;

IV° Enfin en procurant du TRAVAIL à nos ateliers dont on trouvera, dans les pages suivantes, la nomenclature.

---

(1) Les livres mauvais, papiers de famille ou d'affaires sont détruits sous la surveillance et la responsabilité de l'un de nos confrères, puis transformés en papiers et livres nouveaux ; à Paris et dans les environs, nous envoyons chercher à domicile tout ce qui nous est offert.

Les personnes qui voudraient souscrire en faveur de notre Œuvre n'ont qu'à remplir ce bulletin et l'adresser au Directeur, M. l'abbé ROUSSEL.

ŒUVRE D'AUTEUIL

POUR L'ÉDUCATION ET L'APPRENTISSAGE DES ENFANTS PAUVRES ET ORPHELINS OU ABANDONNÉS
40, RUE LA FONTAINE, PARIS-AUTEUIL

BULLETIN DE SOUSCRIPTION

Je soussigné _____

déclare souscrire pour la somme _____

que je paierai(1) _____

SIGNATURE :

Adresse :

(1) Indiquer autant que possible, l'époque du payement.

SOUSCRIPTION DE LITS,
De fraction de lits
Ou d'une offrande quelconque.

Un lit est de............	360 francs.
Un demi-lit.............	180 »
Un tiers de lit..........	120 »
Un quart de lit.........	90 »
Un sixième de lit.......	60 »
Un douzième de lit.....	30 »
Un demi-douzième......	15 »

Le capital pour la fondation d'un lit à perpétuité est de 8,000 fr.; pour un demi-lit, 4,000 fr.; pour un quart de lit 2,000 fr.; cette somme peut être versée en une ou plusieurs fois.

Formule de testament olographe [1]

Je donne et lègue à Monsieur l'abbé Roussel, [2] demeurant à Paris, rue La Fontaine, 40, la somme de ―――――

Ce legs à Monsieur l'abbé Roussel, sera délivré franc et quitte des droits de succession.

---

(1) Le testament olographe n'est valable que s'il est écrit en entier, daté et signé de la main du testateur (Code civil, Art. 970).

(2) En raison de son caractère essentiellement religieux, l'Œuvre de la Première Communion n'a pu être reconnue par le gouvernement. Les legs faits à son profit, *en son nom personnel et en tant qu'Œuvre*, seraient donc frappés de caducité et pourraient être perdus pour elle. Ce qui nous est déjà malheureusement arrivé.

PUBLICATIONS & TRAVAUX
DE
l'Œuvre d'Auteuil

LA FRANCE ILLUSTRÉE
JOURNAL UNIVERSEL
ARTISTIQUE, LITTÉRAIRE & SCIENTIFIQUE
Paraissant le samedi de chaque semaine

RÉDACTION ET ADMINISTRATION
40, RUE LA FONTAINE PARIS-AUTEUIL, 40

Directeur : M. l'abbé ROUSSEL

Un grand journal illustré, rédigé dans un esprit catholique, sans exclure pour cela les belles actualités des publications de ce genre, n'existait pas. La *France Illustrée* a comblé ce vide qu'elle remplit dignement.

Soumis à un comité qui surveille avec le soin le plus scrupuleux le texte et les gravures, *ce journal* — et c'est là son utilité pratique — *peut être laissé sans crainte entre les mains des enfants et des jeunes personnes.*

De plus, il a pour but de *donner du travail* et de *faire apprendre un état* à de pauvres abandonnés, qui sont recueillis, moralisés et instruits par M. l'abbé ROUSSEL, directeur de l'*Œuvre de la Première Communion et des Apprentis Orphelins* ; ces petits malheureux sont ainsi arrachés au vice et à la démagogie, et deviennent enfin de bons et honnêtes ouvriers.

Cette belle publication est donc intéressante à plus d'un titre et mérite le concours de tous les gens de bien. Elle reçoit, du reste, tous les jours depuis qu'elle existe (22 ans), les plus bienveillants encouragements.

ON S'ABONNE A PARIS-AUTEUIL
40, rue La Fontaine, et chez tous les libraires

ÉDITION DE LUXE : UN AN, **30** FR. — ÉTRANGER, **40** FR.

ÉDITION ORDINAIRE :
UN AN, **20** FR. — 6 MOIS, **11** FR. — 3 MOIS, **6** FR.
UN MOIS, **2** FR. — LE NUMÉRO, **0** FR. **50**
PAR LA POSTE, **0** FR. **60**. — ÉTRANGER **30** FR.

L'AMI DES ENFANTS

OU

L'ÉDUCATION A L'ÉCOLE ET DANS LA FAMILLE

REVUE HEBDOMADAIRE ILLUSTRÉE

Prix : Un an. 10 fr. — Six mois, 6 fr. — Trois mois, 3 fr. 50
ETRANGER : 12 FRANCS PAR AN

Les années parues, 2 volumes par an.
Un volume relié, tranches dorées.................................. 5 fr. 50
Par la poste 6

L'*Ami des Enfants !* ce nom est à lui seul un programme.

Il est imprimé et envoyé par des enfants pauvres aux enfants plus heureux qu'eux, il a droit à toutes les sympathies.

Il contient des voyages, des excursions, des causeries en vers et en prose, des concours littéraires, historiques, ainsi que des jeux d'esprit, rébus, dont les solutions sont données la semaine suivante.

Ses gravures déjà lui assurent droit de cité dans chaque famille, car elles intéressent les enfants et occupent leur jeune imagination. Elles sont choisies par un comité d'artistes sous la direction de M. l'abbé Roussel.

ALMANACHS

1° L'*Almanach de la France Illustrée* est un gracieux volume de 150 pages, grand format, beau papier et orné de nombreuses et belles gravures, dont une en couleur hors texte. A un vif attrait se trouve mêlé l'enseignement social et chrétien ; c'est donc une œuvre de propagande dont on peut attendre le plus grand bien, comme c'est, croyons-nous, le plus important des almanachs. Il est par cela même aussi relativement le meilleur marché.

Prix, un exemplaire. » 50
Par la poste (France et Union postale) . . . . » 65

2° L'*Almanach illustré de la Première Communion et de la Persévérance*
Quoique destiné aux enfants qui se préparent à leur Première Communion et aux catéchismes de persévérance, son calendrier d'une forme originale et toute nouvelle, ses intéressantes histoires choisies, l'ont fait rechercher, l'année dernière, par les personnes les plus sérieuses, il en sera à plus forte raison de même cette année.

Prix : un exemplaire . . . . » 30
Par la Poste (France et Union postale). . . . . . . » 35

Pris dans un but de propagande, à la douzaine et au cent, il en sera donné 13 exemplaires pour 12 ; 26 pour 24 ; 55 pour 50 et 112 pour 100.

CALENDRIER MÉMORIAL

Cet utile calendrier, mesurant 36 centimètres sur 30, cartonné, à filets or, est des plus commodes pour prendre ses notes à l'avance.

Son prix est de 1 fr. dans nos bureaux

Par la poste **1 *fr.* 30**

PRIÈRE DE BIEN INDIQUER LE BUREAU DE POSTE

CALENDRIER A EFFEUILLER
DE
L'IMITATION DE JESUS-CHRIST
OU

Choix de Maximes tirées de l'Imitation de Jésus-Christ et disposées selon l'ordre de l'année liturgique

PAR

Le R. P. SOYER
DE LA COMPAGNIE DE JÉSUS

Prix 1 fr. — Par la poste 1 fr. 30

COUVERTURE MOBILE EN CUIR VERNI

Pour conserver les Numéros

DE

LA FRANCE ILLUSTRÉE

Prix dans nos bureaux : 3 fr. 75 ; franco par colis postal, 3 fr. 60

Notre Album Cham

(8ᵐᵉ édition)

PRIX POUR NOS ABONNÉS

10 fr au lieu de 20 fr.

(Pour la province, ajouter 2 francs pour frais de port et d'emballage. — Indiquer la gare où l'Album doit être expédié. Si c'est à l'Étranger, le port est aux frais du demandeur.)

DIDEROT ET LE CATÉCHISME
VOLTAIRE ET SES ŒUVRES

Ces deux belles gravures, de cinquante-huit centimètres sur quarante-quatre, tirées séparément, sur beau papier, pour être encadrées, sont appelées à faire beaucoup de bien dans les écoles chrétiennes, institutions et familles, en un mot partout où elles seront placées.

Prix : les deux : 75 c. ; par la poste, dans un tube, 1 fr.
Par quantités : 13 pour 12 ; 27 pour 24, 55 pour 50 et 110 pour 100.

IMPRIMERIE TYPOGRAPHIQUE
DES
Apprentis-Orphelins
40, Rue La Fontaine, Paris-Auteuil

Impressions Commerciales & Administratives.
Stéréotypie, Fonderie, Photogravure
Travaux en noir et couleurs

REVUES — JOURNAUX	Albums — Catalogues
ET AUTRES PUBLICATIONS	Prix-Courants Illustrés ou Autres
BROCHURES — LIVRES	PROSPECTUS — BANDES
FACTURES	AFFICHES
LETTRES — ENVELOPPES	CIRCULAIRES — REÇUS
CARTES DE VISITES ET DE COMMERCE	CARNETS A SOUCHE
ETC.	ETC.

SPÉCIALITÉ DE
LETTRES DE MARIAGE, NAISSANCE, DÉCÈS
CARTES DE SOIRÉE — PROGRAMMES
ÉLOGES FUNÈBRES — ALLOCUTIONS — DISCOURS

NOTA. — Les lettres de Mariage, de Naissance, de faire part Deuil, Cartes de Visites etc., sont généralement demandées en *Lithographie ou en Gravure*, elles coûtent, il est vrai, un peu plus cher, mais elles sont plus jolies et plus appréciées.

Demander prix et spécimens.

DÉPOT DE L'ŒUVRE D'AUTEUIL

15, Rue Férou (près Saint-Sulpice) PARIS

Imprimerie Lithographique

ET

GRAVURES

IMPRESSIONS EN TOUS GENRES

Spécialité de Lettres de Mariages, de Naissance, de Décès, Cartes de Visite, de Lunch, Menus, etc., etc.

OBJETS RELIGIEUX

Librairie et Commission

SOCIÉTÉ SAINT-GERMAIN

SERVICES — CONVOIS — FUNÉRAILLES

LETTRES DE DÉCÈS

Imprimées par les Apprentis-Orphelins d'Auteuil

170, Boulevard Saint-Germain, 170

Près l'Église Saint-Germain-des-Prés

A l'Union des Œuvres

7, Rue du Commandant-Rivière (en face l'Église Saint-Philippe-du-Roule, Faubourg St-Honoré) PARIS

PRODUITS NATURELS DE CHOIX
Provenant des Maisons Religieuses, vendus à leur profit.

Dans son numero 11 Janvier 1890, *la France Illustrée* recommandait en ces termes le dépôt : *A l'Union des Œuvres* :

Nous venons d'établir vis-à-vis de Saint-Philippe-du-Roule, un dépôt de nos produits de Notre-Dame du Fleix, nous y adjoignons ceux des autres œuvres religieuses de France qui n'ont personne pour les représenter et qui voudront nous les confier. Nos abonnés de Paris et même de province trouveront là des avantages sérieux aux point de vue économique et de sécurité sous le rapport de la qualité des produits que nous pourrons garantir comme absolument naturels.

Les familles chrétiennes auront, en même temps, la joie de faire le bien, en aidant ces Maisons religieuses ou ces Œuvres chrétiennes, qui sont obligées, pour vivre, de recourir, comme nous, à un travail énergique et productif.

Le Supérieur de l'une de ces Maisons nous disait tout dernièrement : Il y a 20 ans, la dot de nos religieux, nos ressources personnelles ou qui nous venaient de la charité nous suffisaient ; aujourd'hui, sans notre industrie, nous mourrions de faim dans nos cellules.

Ne nous étonnons donc pas si la plupart de ces Maisons, pour ne pas dire toutes, à commencer par la Chartreuse, qui fait tant de bien avec ce qu'elle gagne, aient à leur tour cherché à se créer des ressources par le travail et l'industrie. Ce travail étant en effet consciencieusement fait, on est absolument certain que ces produits sont naturels et dans les meilleures conditions d'hygiène possible ; on est sûr que leurs vins seront vrais et de la pure vigne, que leurs liqueurs seront bien faites, leurs chocolats bien fabriqués, en un mot, qu'aucun des produits sortant de leurs maisons, ne contiendra ni mélange impur, ni substance de nature à nuire à la santé.

Ainsi la *France Illustrée* aura une fois de plus rempli sa mission, puisqu'elle aura, du même coup, servi les intérêts de la grande famille de ses abonnés, des œuvres, ses amies, et des orphelins, ses jeunes ouvriers et bien aimés pupilles.

L. ROUSSEL.

A toute demande envoi franco du CATALOGUE

LOURDES, 59, RUE DE LA GROTTE

DÉPOT

De l'Œuvre de la Ire Communion & des Apprentis-Orphelins d'Auteuil.
Objets de piété, Journaux, Librairie, etc.
PROVENANT DES ATELIERS DE L'ŒUVRE

LES OISEAUX

Album des familles orné de plus de trente gravures, er contenant des lectures amusantes, par Loïs DE KERVAL, Dessins de M. E. GÉRARD, Gravures photo-chimiques de M. BARRET.

PRIX : 10 FRANCS

Pour nos abonnés de la *France Illustrée* et de l'*Ami des Enfants* : 6 fr. ; par la poste ou par colis postal 8 fr., comme prime.

HISTOIRE ILLUSTRÉE
DES
PAROISSES DE PARIS
PAR CHARLES DES GRANGES

COMMANDEUR DE L'ORDRE PONTIFICAL DE PIE IX, CHEVALIER DE LA LÉGION D'HONNEUR
RÉDACTEUR EN CHEF DE LA *FRANCE ILLUSTRÉE*,
MEMBRE DE LA SOCIÉTÉ DES ÉTUDES HISTORIQUES ET DES ANTIQUAIRES
DE L'OUEST, DE LA SOCIÉTÉ DES GENS DE LETTRES, ETC.

Prix : 20 fr. ; franco 21 fr.

TARIF DES RELIURES

DÉSIGNATION DES GENRES DE RELIURES	IN-12	IN-8°			IN-4°
		CARRÉ	RAISIN	JÉSUS	
1/2 toile, plats papier, tranche jaspée.....	0 90	1 »	1 25	1 75	2 »
1/2 basane id. id.	1 10	1 40	1 50	2 50	2 75
1/2 chagrin id. id.	1 60	1 85	2 35	3 20	4 25
id. plats toile id.	2 »	2 25	2 75	3 50	5 »
id. id. tranche dorée rouge ou tranche peigne	2 35	2 60	3 20	4 »	6 75
1/2 chagrin plats papier, avec coins, tête dorée, tranche ébarbée, genre amateur......	3 »	3 25	3 75	4 50	8 »
1/2 veau, plats papiers tranche jaspée.....	2 »	2 50	3 »	3 75	4 60
1/2 maroquin du Levant, avec coins, tête dorée, genre amateur.	4 10	4 80	5 80	7 10	10 »
Toile plate, tranche jaspée	1 10	1 10	1 60	2 35	2 60

RELIURE DE LA FRANCE ILLUSTRÉE PAR SEMESTRE

Toile pleine, titres et tranche dorés extra riche............. 8 »
       id.   id...................................... 5 »
1/2 reliure, dos basane, plats papier, tranche jaspée......... 4 50
1/2 reliure, dos toile, plats papier bleu, titre orné en noir, tranche jaspée.. 3 »

CHRISTS ET OBJETS DE PIÉTÉ
COMPOSITION PIERRE-BOIS

Nouveau procédé imitant le bois sculpté, l'or et l'argent, réunissant à la fois solidité, beauté et bon marché sans concurrence possible.

TARIF

CHRISTS ADHÉRENTS A LA CROIX

Nos	hauteur			
1	0 20	20 fr. le cent......	0 25	pièce
2	0 25	25 id	0 30	id
3	0 30	5 la douz.........	0 50	id
4	0 40	7 id	0 70	id
5	0 45	10 id	0 90	id
6	0 50	12 id	1 00	id

CHRISTS DÉTACHÉS DE LA CROIX

7	0 25	6 fr. la douz........	0 60	pièce
8	0 30	10 id	1 00	id.
9	0 45	18 id	2 00	id.
10	0 52	30 id	3 00	id.
11	0 55	36 id	4 00	id.
12	0 74	60 id	6 00	id.
13	0 74	60 id Croix bois..	6 00	id.
14	1 »	200 id —	20 00	id.
15	1 10	200 id christ mort.	20 00	id.

CHRISTS SUR PIEDS

16	0 25	6 fr. la douz.........	0 60	pièce
18	0 32	10 » id	1 00	—
19	0 37	18 » id	3 00	—
20	0 50	36 » id	4 00	—
21	0 80	120 » id	10 00	—

MÉDAILLONS

Sacrés-Cœurs de Jésus et de Marie.	4 fr. 50 la douz.	» 40 pièce.
Chapelles gothiques............	7 fr. »	» 75 —
Chapelles gothiques, grandes.	70 fr. »	6 » —
Sainte Geneviève.............	3 fr. la pièce.	

BÉNITIERS

Sacrés-Cœurs de Jésus et de Marie..	5 50 la douz.	0 50 pièce.
Chapelle gothique........	10 » id.	1 » id.
Notre-Dame de Lourdes N° 1.....	5 50 id.	0 50 id.
id. N° 2.......	8 50 id.	0 75 id.
id. N° 3.......	10 » id.	1 75 id

STATUETTES

On trouve dans nos magasins des statuettes assorties depuis 8 centimètres jusqu'à 1 mètre de hauteur et au-dessus.

Statuettes saint Joseph, sainte Vierge, Sacrés-Cœur de Jésus et de Marie, depuis 15 centimes jusqu'à 3 fr. pièce.

DÉPOT D'ENCENS DU LIBAN

Qualité supérieure, composition unique, d'un parfum doux et suave :

Le kilo..................	8 »	(Poids intégral.)
Le 1/2 kilo...............	4 50	—
250 grammes...........	2 50	—

Le kilog., expédié *franco* dans toute la France.

ATELIER DE TAILLEURS
SPÉCIALITÉ DE
VÊTEMENTS DE PREMIÈRE COMMUNION

ATELIER DE CORDONNERIE

Napolitains pour hommes, tout cuir.................	depuis	10 fr.
— pour garçonnets, tout cuir...............	—	8 50
Bottines pour hommes, tout cuir.................	—	16 50
— pour dames, tout cuir................	—	15 fr.
— lacets pour fillettes, tout cuir............	—	6 fr.
Galoches fourrées pour fillettes, tout cuir.............	—	2 50
— napolitaines pour hommes.............	—	3 fr.

MENUISERIE

FOURNITURES GÉNÉRALES DE MENUISERIE

Parquet pour bâtiment. — Mobilier de bureaux et mobilier scolaire. — Agencement de magasin. — Charpentes économiques. — Moulures de bâtiments.

Menuiserie d'art et de style pour églises, châteaux, hôtels et villas. — Cheminées, Lambris, Plafonds, etc.

SERRURERIE ET PEINTURE

Travaux de bâtiments. — Agencements de boutiques. — Travaux à façon.

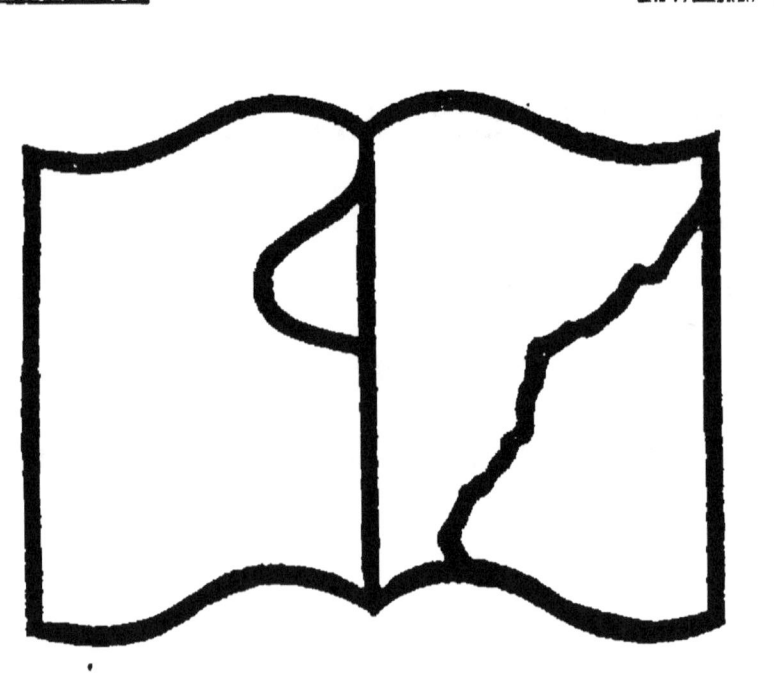

Texte détérioré — reliure défectueuse
NF Z 43-120-11

VIN des ANÉMIQUES

TONI-FERRUGINEUX

DE

L'Orphelinat Vinicole de N. D. Auxiliatrice du Fleix

(Dordogne)

Recommandé par les Médecins aux convalescents des deux sexes, aux personnes faibles et épuisées par un long travail; enfin à tout estomac délicat.

Ce Vin, excellent par lui-même et très agréable au goût, contient, en outre de sa vertu particulière, une préparation médicinale qui en fait un précieux agent pour reconstituer les tempéraments les plus débilités, ranimer l'appétit et rendre les forces disparues.

Ce Vin préparé par M. RENARD

PHARMACIEN DE 1re CLASSE, EXPERT CHIMISTE DIPLOMÉ DE LA VILLE DE PARIS

OFFICIER D'ACADÉMIE

Se trouve dans toutes les Pharmacies

DEPOT GÉNÉRAL

Chez M. RENARD, Pharmacien

PARIS, 8, rue de Passy, 8, PARIS

Prix : 3 fr. 50, la Bouteille

Par au moins deux bouteilles, franco de port et d'emballage.

NOTA. — Pour être agréable à nos abonnés et leur faciliter l'envoi du *Vin des Anémiques*, nous nous chargerons volontiers de transmettre *immédiatement* leurs demandes à M. RENARD, notre voisin.

A6-1195-97. — Paris-Auteuil. Impr. L. Roussel 40, r. La Fontaine.

HORLOGERIE
Nos Montres-Primes
DE LA
FRANCE ILLUSTRÉE
Réglées et garanties

Désireux d'apporter toutes les améliorations possibles aux primes offertes à nos Abonnés, et pour éviter que nos montres, réglées au dehors de l'Orphelinat, soient détériorées, nous avons ouvert le 1er juillet un *atelier d'horlogerie* dirigé par un *1er prix de l'Ecole de Besançon*, et nous prenons l'engagement dès à présent de réparer et de bien régler toutes pièces simples et compliquées, à des prix modérés.

Aucune réparation *dépassant* le chiffre de 2 fr. 50 ne sera faite, sans qu'avis préalable en soit donné au propriétaire de la montre. Pour *réparer et bien régler* une montre, il faut nous la laisser au moins 15 jours.

Notre atelier se charge de réparer même les montres vendues au dehors de l'Orphelinat. Le chef d'atelier pourrait même exceptionnellement se rendre à domicile (à Paris) pour les pendules.

Pour mieux assurer encore le fonctionnement de nos primes, nous avons conclu avec une fabrique renommée des environs de Besançon, un traité par lequel cette maison s'engage à nous fournir régulièrement, non plus des montres à remontoir à 4 rubis, mais toutes, sans exception, petites, moyennes ou grandes, à 8 rubis et à mouvement revolver, c'est-à-dire de première qualité et toujours au prix invariable de 15 francs.

La montre de la *France Illustrée* se fabrique en 3 grandeurs : 13, 16 et 18 lignes.

13 *lignes*, 0m03 1/2 c. de diamètre, *montre petite de dame ou fillette* (1).
16 *lignes*, 0m04 de diamètre, *montre moyenne ou de jeune homme* (2).
18 *lignes*, 0m04 1/2 c. de diamètre, *montre grosse ou d'homme* (3).
Prière de bien indiquer les dimensions.

Tous nos abonnés qui renouvelleront leur abonnement, ou tous les nouveaux abonnés pour un et même pour six mois, pourront bénéficier de cette avantageuse combinaison, à titre de prime spéciale, en nous envoyant 15 fr. comme PRIX RÉDUIT de l'une de ces trois montres, et en y ajoutant 0 fr. 75 pour l'emballage et les frais d'expédition.

Nous tenons de même les trois grandeurs, avec boîtes d'acier oxydé inaltérable, également 8 rubis mouvement revolver, pour la modique somme de 18 fr. Ces montres sont fabriquées spécialement pour nous et ont une valeur commerciale de 25 et 28 fr. au minimum.

Tous nos abonnés qui renouvelleront leur abonnement, ou tous les nouveaux abonnés pour un an et même pour six mois, pourront bénéficier de cette avantageuse combinaison, à titre de prime spéciale, en envoyant 18 fr. pour la montre d'acier ; en désignant bien : grande, moyenne, petite, en y ajoutant 0 fr. 75 pour l'emballage et les frais d'expédition.

Notre atelier est dès maintenant en mesure de livrer, par retour du courrier, des montres de toutes grandeurs du dernier modèle reçu, repassées et réglées, enfermées dans un bel écrin.

Les boîtiers étant tous unis, permettent comme par le passé d'y graver des initiales, moyennant un supplément de 2 francs pour lettres ordinaires sur boîtiers nickel et 4 francs pour lettres ornées. (1). Toutes les expéditions sont faites dans la huitaine de la commande de la gravure.

Nous garantissons, SAUF CHUTE OU FRACTURE, toutes les montres pendant TROIS ANNÉES.

(1) La difficulté de graver les initiales sur les *montres acier*, nous oblige à en fixer le prix à 4 fr. pour deux lettres simples ou ornées.

www.ingramcontent.com/pod-product-compliance
Lightning Source LLC
Chambersburg PA
CBHW060154100426
42744CB00007B/1022